ISBN 9781672881746

Página web: www.yaralizpizarro.com

Redes sociales: www.facebook.com/@YaralizTuCoach
www.youtube/Yaraliz Pizarro
www.instagram.com/Yaraliz_Pizarro

Correo electrónico: contacto@yaralizpizarro.com
(787) 223-7926

Mentora en autopublicación: Anita Paniagua
Programa Emprende Con Tu Libro
www.anitapaniagua.com

Edición y corrección: Mariangely Núñez Fidalgo
arbola.editores@gmail.com

Diseño gráfico y portada: Amanda Jusino
www.amandajusino.com

Fotografía de la autora: Raúl Romero
raulromerophotography@gmail.com

NOTA DE LA AUTORA: Toda la información brindada en este libro es con fines educativos, tiene base en experiencias de mi vida y en las técnicas aprendidas de grandes expertos. Este libro no está diseñado para brindar asesoría legal, ni tiene esa intención. De tener alguna situación legal, consulte con su abogado de preferencia.

Yaraliz Pizarro

La mujer financieramente inteligente

Conquista los **4** retos
que impulsan tu **libertad económica**

Dedicatoria

Dedico este libro, primero a Dios, porque sé que fui creada por Él para aportar a la vida de otras personas a través de estas líneas.

A todas las mujeres que tienen el valor de dejar atrás los miedos para lograr ser mujeres triunfadoras y financieramente inteligentes e independientes.

Agradecimientos

Gracias Dios, por Tu gran amor y dirección.

Gracias, esposo, por tus consejos, paciencia, admiración, apoyo incondicional, por ser mi protector, creer en mí y estar para mí siempre.

Agradezco a mi madre Lucy Navarro, por enseñarme a nunca rendirme, y a mi padre, Frank Ortega, por ser y estar en cada momento.

A todos esos angelitos que estuvieron conmigo en todo el proceso, gracias.

Al equipo Emprende Con Tu Libro, por su profesionalismo, recomendaciones, paciencia y porque en cada etapa de este proyecto que es tan importante para mí, me recordaban quién soy y todo lo que soy capaz de lograr. Sin duda alguna, son un equipo de éxito.

¡GRACIAS!

Yaraliz Pizarro

Tabla de contenido

Un buen lugar para cambiar tu destino económico

Tengo el privilegio de haber sido invitado a escribir el prólogo de este maravilloso libro.

Yaraliz Pizarro es una joven con una misión clara en su vida: ayudar a las personas a recuperar su crédito y así cumplir sus metas financieras al menor costo posible. Como parte de ese compromiso, se capacitó a través del Instituto de Finanzas Personales de Puerto Rico, de enero a mayo de 2015. Logró obtener la designación de *coach* certificada en Finanzas Personales, en junio de 2015. Esta designación está acreditada por la División de Educación Continua de la Universidad Ana G. Méndez, Recinto de Carolina, Puerto Rico. Me llena de satisfacción como director del Instituto, haberla tenido como estudiante, verla destacarse con el compromiso y la excelencia en el servicio a los demás, añadiendo el toque especial de la empatía y la sencillez de su corazón.

Yaraliz ha sido nuestra experta en el área de reparación de crédito; ofrece su experiencia y capacitación; que se complementa con su sistema sencillo, único y práctico al alcance de todo el mundo. Como resultado, muchas personas han arreglado su historial de crédito con el fin de poder comprar la casa de sus sueños o el auto que necesitaban para su familia. Lo más significativo de Yaraliz es su enfoque educativo con las personas. No crea sistema de dependencia, sino les enseña a las personas a lograr sus metas por ellas mismas enseñándoles los pasos a seguir mediante la herramienta del *coaching* o apoderamiento personal.

En fin, tiene el complemento ideal para que recibas toda la orientación, ayuda y consejo de una experta en rectificación de crédito, finanzas personales y bienes raíces. Su inspiración en ayudar a los demás viene de su propia experiencia, como la cuenta en este libro. Habiendo tenido situaciones con su reporte de crédito y limitado conocimiento financiero, no se rindió y empezó a buscar dónde estaban las respuestas para cambiar el destino económico de su vida.

Este libro, aunque va dirigido a las mujeres, también los hombres se pueden beneficiar del mismo. La historia y vivencia de Yaraliz, te brindará la motivación de capacitarte para empezar a construir tu libertad económica, como así lo hizo ella. La lectura de este práctico libro te enseñará cómo tú mismo puedes comenzar un nuevo futuro económico, adquiriendo estrategias y conocimiento que te apoderarán en tus decisiones financieras presentes y futuras. Yaraliz te llevará paso a paso a superar los retos que todos tenemos y enfrentamos en el camino hacia nuestra seguridad financiera. Los cuatro retos que presenta son experiencia vividas por ella misma, por lo tanto, no son una fórmula mágica o una teoría de «a ver si funciona». Ella pasó por ese camino y te puede acompañar en el tuyo para que logres alcanzar la metas que deseas para ti y los tuyos.

Las aportaciones de Yaraliz se confirman en toda la literatura de finanzas personales, dando credibilidad a la información que comparte contigo en este libro. Los temas de transformar tu mentalidad financiera, liberarte del estancamiento financiero, saldar tus deudas y finalmente, reparar, monitorear y construir tu crédito son los pasos a seguir por cada mujer que quiere convertirse **_financieramente inteligente._**

El equipo de Finanzas Al Máximo se siente orgulloso de la realización de este libro por una puertorriqueña y miembro de nuestro equipo como experta en reparación de crédito. Te animo a que lo leas y te inspires con la historia de Yaraliz para que empieces hacer realidad tus sueños y metas financieras. Las limitaciones del crédito dañado, el no tener suficiente ingreso para pagar tus deudas, no poder ahorrar para las emergencias y no disfrutar de una calidad de vida que mereces tener ahora, serán cosa del pasado.

Una vez lo leas, comparte la información con otras mujeres... Y no dejes de pasar la oportunidad de escoger a Yaraliz como tu coach financiera personal.

Es mi deseo que Dios utilice este libro para bendecir la vida de muchas mujeres, comenzando desde nuestro Puerto Rico hasta el mundo entero.

Yaraliz eres una Gran Campeona...

Profesor José A. Medina, MBA, CEPF, CPFC
Fundador de Finanzas Al Máximo
Director del Instituto de
Finanzas Personales de Puerto Rico
www.finanzasalmaximo.com

Transfórmate en una mujer financieramente inteligente

La mayoría de las mujeres no atendemos los temas de finanzas hasta que tenemos la necesidad, que ocurre, generalmente, en el peor momento de nuestras vidas: ya sea porque hemos perdido el trabajo, pasamos por un divorcio o hemos tenido alguna emergencia y nos vemos impedidas de hacer uso de nuestro crédito. Lo digo porque he estado en alguna de estas situaciones críticas: Yo resurgí de una quiebra. Luego de superarla, quise escribir un libro para plasmar mi historia y aportar mis conocimientos y experiencias en temas de finanzas personales. Quería hacer un manual práctico, fácil de entender con herramientas poderosas que sirvieran a cualquier mujer para tomar acción inmediata.

Este libro es un reto porque quise hacerlo de una manera simple y entendible para llevarte por el camino del manejo correcto del dinero y apoyarte a que logres tus metas financieras.

Además, cuando comencé a exponer mis conocimientos en estas páginas, no estaba del todo segura; me surgían preguntas que me torturaban: *¿Realmente valdrá la pena?*, *¿les interesará este tema?*, *me imagino que se van a preguntar «¿Y quién es Yaraliz?»...* Me encontraba con esas incertidumbres cada día, una a una o todas a la vez. Sin embargo, el sábado, 3 de marzo de 2018, una semana antes del Día Internacional de la Mujer, organicé un taller presencial llamado *Reto Financiero para la Mujer de Hoy*, en el cual presenté herramientas y técnicas superpoderosas a un grupo de mujeres que se atrevieron a aceptar el reto y estuvieron dispuestas a lograr sus metas financieras en poco tiempo.

Fue un evento maravilloso. Todas salieron emocionadas con los distintos temas: *Transformar tu mentalidad financiera, Saldar deudas y mejorar el crédito en poco tiempo.* Al final del taller, cada una me felicitó. Quedaron encantadas con todos los recursos que presentaron. ¡Fuimos un equipo maravilloso! Hubo una química muy especial para llevar un mensaje poderoso. Hubo mucha satisfacción en las participantes manifestado en sus comentarios: *«Este taller excedió mis expectativas y fue la confirmación de los cambios que debo hacer y no he tomado acción; Dios te Bendiga a ti y tu equipo siempre»*, *«Excelentes temas, el tiempo un tanto limitado, sin embargo, se cubrió el material; te felicito y agradezco haber tenido la oportunidad de participar».*

Llevo más de cinco años como asesora de reparación de crédito y corredora de bienes raíces, orientando a todo tipo de consumidor sobre cómo mejorar su crédito y, a la vez, subir su puntuación para cumplir alguna meta financiera. Los resultados han sido muy satisfactorios, pero nunca había tenido la oportunidad de hacer un evento dirigido a mujeres y fue bien impresionante ver los gestos de asombro de cada una de ellas, con solo mencionarles una manera simple de manejar su dinero y demostrarles todo lo que podían ahorrar. Fue durante esa experiencia que me di cuenta de que existe una gran necesidad de educación financiera constante y directa para las mujeres.

Ahora estoy más que segura de que mi propósito en la vida es ayudar y apoyar con el conocimiento en temas financieros a personas como tú, pero no de la manera teórica tradicional, como la mayoría de los expertos enseñan, **sino de una manera práctica, exactamente como la aprendí con mis experiencias de vida.**

Si estás o has estado en alguna de las situaciones que mencioné arriba, este libro está diseñado para apoyarte. Si no lo estás, también te ayudará a fortalecer el área financiera en tu vida si aceptas los retos que te propongo. El objetivo de *La mujer financieramente inteligente* es ayudarte a cambiar tus hábitos financieros para que mejores tu situación, logres tu independencia económica y te prepares para el próximo nivel.

Muchas veces, los retos nos muestran, paso a paso, cómo llegar a un objetivo exacto y nos obligan a salir de ese estado de frustración, de dependencia, depresión, desespero, tensión e incertidumbre en el que nos podamos encontrar. En otras palabras, si no te retas, no llegas a tu objetivo.

Mi intención es empoderarte y apoyarte para que te reconozcas como una mujer decidida, enfocada, lista, capaz y dispuesta a echar pa'lante;

- que puedas reconocer tu zona de conformidad y puedas contar con mi apoyo para salir de esta;
- que, cansada de tus propias limitaciones, quieras tomar el control y crecer como ser humano apoyando a otros;
- que te reinventes las veces que sea necesario sin miedo al qué dirán;
- que puedas experimentarte como una mujer que puede disfrutar un viaje con su familia

por haber manejado sus finanzas con sabiduría;
- que puedas lograr tus metas, transformar
tu mentalidad y ver cambios en tu vida
financiera;
- que puedas verte como una mujer que re-
conoce la importancia de la educación y
capacitación financiera personal;
- que puedas sentirte como la *mujer financieramente inteligente que eres.*

Te recomiendo que leas este libro en el mismo
orden en que está escrito, sin saltar ningún reto
ni paso porque esto es lo que hará que tus metas se cumplan al pie de la letra y puedas
enseñarles a otros. ¡Disfrútalo!

Un abrazo,

Yaraliz

Comienza a tener
el control de tu vida

«Cuando ya no somos capaces
de cambiar una situación,
tenemos el reto de cambiarnos
a nosotros mismos».

–Victor Frankl,
filósofo austriaco

Con estos cuatro grandes retos, no quiero que dejes a un lado a tu familia, pero sí que comiences a tomar acción en lo que verdaderamente quieres y deseas para ti y los tuyos. Para lograrlo, debes ocuparte de ti misma y trabajar con las inseguridades, miedos y obstáculos que, muy posiblemente, es lo te impide llegar a esa meta financiera que quieres alcanzar.

Es importante que tengas presente que tu prosperidad no depende de otros, sino de ti misma. Tú, solo tú, eres dueña de tu propio destino.

Este libro te brinda herramientas poderosas para que puedas cumplir cada una de tus metas financieras. Te enseñará cómo transformar tu mentalidad para que puedas atraer prosperidad a tu vida, te brindará la manera correcta de cómo liberarte de ese estancamiento financiero que no te permite seguir hacia adelante. También aprenderás la manera acertada de saldar deudas en tiempo récord y conocerás cómo construir, monitorear y reparar tu crédito en 30 días, y lo más importante, cómo cuidar de él de una forma efectiva.

Es imprescindible que conozcas tus finanzas para que puedas liberarte de tus deudas e independizarte de una vez y por todas.

Eres una mujer con sabiduría infinita y estoy segura de que puedes aceptar este reto financiero con éxito. Seré tu *coach* personal en tu proceso. Te aseguro que tus excusas terminarán rápidamente y comenzarás a tomar decisiones con seguridad, lograrás tomar el control de tu presente para recuperar tu salud financiera y obtener mejor calidad de vida para que tu futuro sea maravilloso.

Te invito a que veas este reto financiero como cuando decides tomar la decisión de bajar de peso y alimentarte bien, ya sea porque tienes alguna actividad para la cual deseas lucir ese traje de noche espectacular o para que en las próximas vacaciones te veas como una diosa en tu bikini. Te pregunto, ¿por qué no haces lo mismo con tus finanzas?

No quiero que te rindas en ningún momento, tienes que continuar con tus planes, sin importar los 20 tropiezos que se te presenten. En cada uno se encuentra lo interesante, esos tropiezos te darán más fuerza para continuar. En los retos que te presento, encontrarás la determinación para comprometerte contigo misma, seriamente. Sé firme.

Antes de comenzar, es necesario que te dediques una **carta de compromiso** en la que expreses los cambios positivos que quieres ver en tus finanzas. Describe cuán comprometida estás en eliminar tus deudas, en qué quieres invertir y por qué eres agradecida y bendecida. Escribe la fecha y estampa tu firma. Léela todos los días, una y otra vez, en voz alta; si puedes hacerlo en las mañanas, mucho mejor: de camino a tu trabajo o a la escuela de tus hijos. Grábala en tu celular como un *podcast* para que te escuches tú misma. Busca la manera que mejor te convenga para mantenerte enfocada: colócala en un área visible, en tu agenda, en la nevera, en tu escritorio, en tu auto, en tu cartera, en fin, donde la puedas ver constantemente. Te aseguro que será tu mayor inspiración para no desviarte de tu meta. Si fallas, te estás fallando a ti misma, a nadie más.

Carta de Compromiso

¿Cuáles son los cambios positivos que quieres ver en tus finanzas? Describe cuán comprometida estás en eliminar tus deudas, en qué quieres invertir y por qué eres agradecida y bendecida.

¿Ya estás lista? Pues, ¡comencemos!

RETO 1

Transforma
tu **mentalidad**
financiera

«Si tú cambias, todo cambia».

–Hermes Trimegisto, *sabio egipcio*

Antes de comenzar a enseñarte a transformar tu manera de pensar, quiero que entiendas que lo que te rodea en estos momentos, sea bueno o malo, es porque tú misma lo estás atrayendo con tu forma de pensar. Sí, también estás atrayendo esas deudas excesivas que tienes y que no encuentras la manera de salir de ellas. Suena un poco chocante, pero, amiga, es la realidad. Me imagino que te estarás preguntando *¿Por qué ella dice eso?* Según vayas leyendo, lo podrás entender con claridad.

Antes, quiero contarte que hace muchos años me pasaban constantemente situaciones inexplicables: traiciones, falta de dinero, peleas sin cesar con personas que adoraba y rápido acudía a usar la famosa frase: *«¡Ay Dios!, mándame más si más me merezco!».* ¿Te suena familiar? Supongo que sí. Pues, eso era lo que yo misma estaba atrayendo, más situaciones similares, ya que eso era lo que declaraba siempre. Estas situaciones me provocaban que cada día me sintiera mal, con pesadez. Pensaba negativamente todo el tiempo; me daban depresiones fuertes y estaba malhumorada con frecuencia. Sin darme cuenta, estaba permitiendo que las situaciones me controlaran. No hacía ningún esfuerzo por cambiarlas, hasta el punto de alejar personas de mi vida, sin querer. Como siempre andaba de mal humor, en los momentos que me sentía superbién y con entusiasmo, todos se extrañaban.

Te soy sincera, estaba harta de estar así y era algo que creía que no podía controlar. Muchas veces me preguntaba *¿Por qué soy así?*, *¿por qué no me puedo sentir bien en todo momento?*, *¿por qué las personas que más quiero y siento un cariño inmenso me traicionan?* Seguía haciéndome miles de preguntas.

La realidad es que sentirte bien en todo momento es difícil y evitar que lleguen esos pensamientos de frustración es inevitable, porque todo el mundo tiene sus días. Al pasar los años, pude entender por qué me sentía de esa manera. ¿Sabes por qué? Porque yo misma, con mi mente, me estaba saboteando constantemente. Entendí que yo me provocaba las situaciones, buscaba siempre culpables, me daba coraje cuando alguien se acercaba a mí con buenas intenciones para apoyarme, porque siempre desconfiaba de sus propósitos. **Me autoprovocaba estas situaciones por no poner un alto a las personas que también provocan ese efecto en mí.** Y mucho menos le hacía caso a las señales que Dios y el Universo me enviaban. Te cuento esto para que tengas una idea de a qué me refiero cuando digo que lo que está pasando en tu vida en estos momentos es porque tú misma lo has provocado.

Cuando tienes pensamientos positivos y prósperos, te sientes bien: cambia tu entorno, tus relaciones con los demás, tu área de trabajo, tu negocio, en fin, cambia tu vida por completo.

Esto lo pude entender cuando tomé la decisión de pensar positivo en todo momento y dejar la negatividad a un lado. ¿Y sabes qué? Esto mismo pasa con tus finanzas.

Puedes tener una transformación completa porque tienes el poder de cambiar cualquier cosa. Es por esto por lo que, cuando cambias tu interior, transformas tu exterior. Quiero que lo tengas bien claro: **tú –y solo tú– eliges tus pensamientos y tu manera de vivir la vida que quieres tener.** Si quieres transformar tu mentalidad, es necesario que estés dispuesta a sacar por completo esos pensamientos que no te dejan progresar, que no te dejan ser próspera y completamente feliz, y comenzar a declarar para bien lo que quieres en tu vida y adonde quieres llegar para que tengas resultados exitosos.

Analiza este panorama por un momento. Imagínate dos mujeres que preparan una cajita blanca para emergencias. En ella deben guardar papelitos con cada pensamiento que les va a llegar en una emergencia y abrir la caja cuando llegue el momento. La primera mujer escribe: *No vamos a sobrevivir, No tendremos comida,*

No tengo dinero, etcétera. La segunda mujer escribe: *Todo estará bien, Tendremos comida, Tendremos dinero.* ¿Qué crees que saldrá de la cajita de cada una de estas mujeres? ¿Lo que guardaron negativo o lo que guardaron positivo? Con esta metáfora sencilla quiero hacerte ver que todo lo que pongas en tu mente es lo que será el resultado. Si siempre piensas cosas positivas, que todo irá superbién en esa emergencia, podrás controlar la emergencia de una manera natural sin presión, tensiones y todo fluirá como si nada hubiese pasado; pero si todos tus pensamientos son negativos, te pondrás histérica, no encontrarás nunca una salida, estarás en tensión y eso mismo lo transmitirás a las personas a tu alrededor. Todo se volverá un caos. ¿Tiene sentido lo que te explico? Bueno, espero que sí, porque ahora voy a comenzar a brindarte técnicas para que cambies esa mentalidad de una vez y por todas.

➤ Controla tu mente ◆

Recuerda siempre: *«Los pensamientos positivos, te llevan a tus más grandes sentimientos y estos son los que te llevan a las acciones completas y estas te llevarán a los resultados más exitosos en tu vida».*

–T. Harv Eker,
autor de *Los secretos de la mente millonaria*

Pensar positivo es una decisión que debes tomar en estos momentos que estás comenzando a transformar tu mente. Si deseas días llenos de éxito, controla tu mente y ten pensamientos positivos que son los que verdaderamente te permiten seguir hacia adelante. Cuando logres estar consciente de que tus pensamientos tienen un gran impacto en tu vida financiera, todo tu mundo cambiará y lograrás tener la vida que deseas. Entiende que tú misma creas tu realidad y tienes el control absoluto de todo lo que está en ella. Al motivarte y conectar con tus pensamientos positivamente, estos te impulsarán a romper el círculo vicioso que te detiene. Busca siempre la conexión con tu sabiduría para que puedas cumplir tu propósito. Hay veces que tienes que tomar decisiones que no son muy agradables, pero estas decisiones son las que te llevarán con éxito hacia tu meta.

Muchas veces llegan a tu mente recuerdos e imágenes no gratas del pasado o de personas que no quisieras ni tener en tus pensamientos. Te puede ocurrir en cualquier lugar: en tu hogar, en tu auto, en tu oficina... Estos pensamientos cambian tu estado de ánimo en un segundo y, por más que intentes evitarlos, siguen estando en tu mente. ¿Te ha pasado? A mí me pasa a cada rato y te enseñaré la técnica que he adoptado de los expertos y que me ha funcionado el 100% de las veces.

Cuando llegan a mi mente esos pensamientos que me torturan, de inmediato los bloqueo. ¿Cómo lo hago? Es bien fácil. En seguida decido cambiar el chip de mi mente, respiro profundo y me obligo a pensar en algo bonito que me haya pasado en la semana o en algún chiste que me hicieron; si estoy en la casa o en el carro, pongo la música que me gusta, la canto y la bailo, aunque me estén mirando y digan que *«esa mujer está bien loca»*. Si estoy en mi trabajo, en una oficina médica o en algún lugar que haya mucho público, busco conversación de inmediato con la persona que tenga al lado. De esta manera, no le doy el poder a los pensamientos negativos, se me van de inmediato y comienzo a sentirme bien. ¡Garantizado!

◦ Conquista tus miedos ◦

Deja la pelea interna que tienes contigo misma para que puedas lograr tus propósitos. Deja de sabotearte, deja de repetir palabras que te estancan en todo momento. John Maxwell, uno de mis mentores favoritos, enfatiza en su libro *Haga que su día cuente,* que elimines palabras que te llevan, sin darte cuenta, a la negatividad. Esas palabras como: *no puedo comprar esa casa, no puedo estar ahí, no tengo dinero, tal vez pueda hacer un esfuerzo, quizás me lo compre.* Aunque pueda parecerte difícil de creer, estas palabras son sinónimos de derrota, de miedo, de frustración y eso no es lo que quieres para ti. John Maxwell sugiere que en todo momento las cambies por: *sí, puedo comprar la casa; sí, puedo estar en ese lugar; sí, logro tener el dinero; sí, saldo mis deudas.* Elimina tus miedos e inseguridades. Supera esos obstáculos que te impiden crecer, mejorar y avanzar en cada una de tus metas financieras.

•Descubre el poder de las declaraciones•

«Ve las cosas que deseas como si ya fueran tuyas. Sé siempre consciente de que vendrán a ti en el momento en que realmente las necesites. Deja que lleguen. No te preocupes tanto por ellas. No pienses en que no las tienes. Piensa que son tuyas, que te pertenecen, como si ya las tuvieras».

-Robert Collier, (1885-1950),
escritor estadounidense sobre temas
de la psicología práctica de la abundancia,
el deseo, la fe, la visualización,
la acción confiada y el desarrollo personal.

Una declaración se podría definir como un acto que le otorga poder a tus deseos; la cual te puede facilitar hacer los cambios que quieres en tu vida. Rhonda Byrne, en su libro El secreto, menciona la historia de Aladino y su lámpara maravillosa: *«Aladino frota la lámpara, le saca el polvo y sale el genio, que siempre dice:*

¡Tus deseos son órdenes!'». Esta metáfora me encanta porque me ha ayudado a entender que lo que deseo para mi vida, lo puedo pedir y si lo hago con el corazón, el deseo será concedido. Para declarar lo que deseas es importante que tengas disciplina continua en tu forma de hablar, sentir y confiar.

Antes escuchaba constantemente sobre las declaraciones, pero nunca me interesó porque realmente estaba en negación y no me había dado cuenta de que podía salir de mi estado de frustración. Siempre he sido una mujer que cuando me propongo metas, no importa el tiempo que me tome alcanzarlas, ni lo que pueda pasar en el transcurso del camino, sigo firme, siempre a paso lento, pero con seguridad. Es por esto que, finalmente, me di la oportunidad de aprender sobre las declaraciones y el poder que podían tener en mi vida. Comencé a ver capacitaciones de neuroempoderamiento y Ley de Atracción a través de Facebook *live*, a asistir a talleres virtuales y presenciales y aún compro libros para seguir educándome en este tema.

Aprendí que lo importante de declarar lo que deseas es estar clara de esas peticiones, ya que puedes crear confusión y, al crearla, así mismo serán los resultados: confusos. Te confieso que cuando comencé con esta práctica, deseaba muchas cosas, entre ellas, que llegaran bastantes clientes para aprender del mercado de alquiler de propiedades. Lo declaraba todas las mañanas y el Universo hizo su trabajo tan y tan bien que así mismo fue. Llegó el momento en que tenía una avalancha de clientes y hasta sentí miedo porque estaba cargada con mi trabajo regular, mi familia, más los clientes nuevos. También me causó miedo y pánico porque no estaba preparada realmente para todo el trabajo y responsabilidad que implicaba. Ahora puedo contarlo y me da risa. ¡Claro!, agradecida siempre porque mi deseo fue concedido tal y como lo pedí, con el corazón.

¿Qué deseas realmente para tu vida?

Me hice un autoanálisis para saber adónde quiero llegar y por qué. Por lo regular, me gusta escribir mucho y para mí no fue complicado comprar una libreta de esas con pensamientos motivadores y escribir para mí misma. Una vez vacié en ella todo lo que tenía en mi corazón, decepciones, frustraciones, todo lo que tenía que trabajar en mí como persona y lo que verdaderamente quería lograr en el año, puse en práctica todo lo aprendido en mis capacitaciones, ya que tenía la necesidad de sentir felicidad plena.

Los expertos en estos temas mencionan que debes imaginar que tienes un ser supremo que recorre el camino contigo. Este ser te ve, te escucha y hasta puede ver lo que tienes en tu mente. Preferí ponerle nombre a este ser para sentirme más confiada y lo llamo *mi ángel de la guarda*. Por lo regular, muchos lo conocen como el *Universo* y, otros, *Dios*.

Separo espacios para estar conmigo misma en las mañanas, porque tengo la mente fresca, y en las noches, cuando ya he bajado revoluciones; en esos momentos es que prefiero hacer mis peticiones: *prosperidad para mi vida y mi familia, abundancia infinita, que el dinero fluya con facilidad*. Ya lo he convertido en un hábito. Es importante tener muy claro lo que quieres. Confié en el proceso y me dejé llevar, hago mis peticiones como si ya estuviesen pasando, como si ya estuvieran, como si fueran a llegar pronto. Me hago la idea de que mi ángel de la guarda es mi mejor amigo y que todas mis peticiones serán concedidas. Te confieso que es un sentimiento extraño al principio, sin embargo, aprendí a confiar en el proceso.

Al declarar, recuerda: ¡Ya lo estás recibiendo!

Durante quince años, trabajé para una empresa privada de venta al detal, en el área de servicio al cliente y facturación. Desde que comencé, trabajaba el turno de la tarde, de 1:00 p. m. a 9:30 p. m. Me encantaba ese horario porque podía dormir bastante y si tenía que hacer alguna diligencia, aprovechaba las mañanas, resolvía y me iba feliz al trabajo. La compañía brindaba la oportunidad a sus empleados para desarrollarse en diferentes departamentos y áreas de trabajo como recibo de mercancía, programación de entregas a diferentes unidades y otras. Aproveché muchísimo estas oportunidades, sin desviarme de mis planes de terminar mi bachillerato, tomar el curso de Corredor de Bienes Raíces y obtener las certificaciones.

En ocasiones, pensé en cambiarme de departamento para aprender cosas nuevas. Entonces me preguntaba: *¿Yaraliz Pizarro, eso es lo que tú quieres para ti? ¿Quieres seguir trabajando en una compañía que no tiene nada que ver con tu preparación, tanto que te has esforzado?* Muchas personas me comentaban: «Yo no te veo aquí; tú tienes mucho potencial». Otras decían: «¿Qué estás esperando para tener tu negocio oficial?» y así, sucesivamente. Mensajes que me ponían a pensar muchísimo —porque si prestas atención, la vida siempre nos está enviando mensajes de muchas maneras— ...hasta que me dije: *¡Basta!, no puedes seguir así. Esto no es lo que quieres. Quieres emprender, quieres seguir evolucionando en el campo que te gusta. ¿Y qué vas a hacer, Yaraliz?* Al tener las respuestas a todas esas preguntas, recuerdo que un domingo me senté hablar con mi esposo, de esos que no vamos a pasear. Un tanto tímida porque no sabía cómo iba a responder, pero lo hice. Le dije lo que sentía hacer. Y para mi sorpresa me contesto: *«Tú puedes mi amor, eres una mujer inteligente, responsable con todas tus cosas, a ti se te nota que amas esa profesión, te gusta aprender, evolucionar, cuentas con todo mi apoyo. Sin embargo, tienes que estar bien segura de lo que vas hacer, hacemos los ajustes que hayan que hacer».* Del mismo modo, hablé con mi mamá y me dijo: «¡Dale pa´lante!». Definitivamente, me dieron más fuerza en la decisión que iba a tomar.

Estuve desde 2016 con la inquietud de cómo lo iba hacer. Solo sabía que lo iba hacer. Estaba tan motivada que hasta escribí el mes y año en un papel bien grande y lo puse en un espejo de mi cuarto. De manera que pudiera verlo todos los días. Comencé a declarar: *«Ya tengo mi negocio»,* *«Ya lo estoy logrando», «Ya estoy emprendiendo»,* *«Cuando me mueva, todo se alinea a mi favor».* Durante 3 años me lo repetía constantemente y hasta actuaba como si ya estuviera trabajando en mi negocio a tiempo completo. Estaba bien convencida de que ya era; que ese deseo ya estaba cumplido; lo importante era que estaba bien clara, que tenía que fluir, y estaba despreocupada porque sabía que mi ángel de la guarda me lo iba a conceder en el momento que fuese.

Llegó el año y el mes que había escrito en el papel que coloqué en mi espejo, pero algo me decía que debía esperar. Ya había preparado la carta de renuncia con fecha. Adelanté mis vacaciones para tener tiempo de analizar, meditar y hablar conmigo. El mismo día que regresé al trabajo me senté en mi escritorio y al comenzar con mis responsabilidades mi instinto desde lo más profundo me dijo: *Hazlo, estás preparada*. Esa misma semana imprimí la carta de renuncia y un mes más tarde solicité una reunión con mis jefes. **Llegué a sentir temor... de todas maneras, aún con miedo, me arriesgué.** En el momento de la reunión comencé a llorar desde que me senté y no pude ni hablar. Solo les hice entrega de la carta. Era una mezcla de sentimientos; feliz porque al fin me atreví e iba hacer lo que tanto deseaba y triste, porque trabajé tantos años con personas que se convirtieron casi en familia.

En el momento en que presenté mi renuncia, ya había estado planificando mis finanzas para estar bien preparada a lo que podría enfrentar en el mundo del emprendimiento. ¿Cómo lo hice? Comencé a ahorrar dinero y saldar las poquitas deudas que tenía. Más adelante, te enseñaré cómo lo puedes hacer tú también. Una vez cumplida la meta de renunciar a mi trabajo, mi estado de ánimo cambió y esto me llevó a confiar en mí plenamente.

Te comparto esta experiencia para que tengas una idea del gran poder que tienen las declaraciones. **Te aseguro que declarar, te dará la misma fuerza que tuve para lograr mis metas, siempre y cuando hagas esa declaración con la certeza de que sí lo vas a lograr.** Al momento de declarar, afirmo toda mi intención en las peticiones; en otras palabras, si pido con el corazón, todo se alinea a mi favor.

Esto mismo lo puedes aplicar en todas las áreas de tu vida: en tu profesión, tus finanzas, salud, felicidad, relaciones y más. Si repites constantemente que no tienes dinero, te aseguro que no tendrás dinero jamás o si siempre dices que no te sientes bien, vivirás enferma toda tu vida. Te darás cuenta de que tus emociones cambian y lo verás todo de una manera distinta, estarás entusiasmada y motivada. Así que, de ahora en adelante, comienza a cuidar todo lo que dices para que atraigas lo bueno hacia a ti. Ya es hora de confrontar tus frustraciones y actitudes para que sigas adelante. Si tus peticiones son desde lo más profundo de tu ser, las obtendrás. ¡Voy a ti!

Vas a comenzar desde ¡ya! a crear tu nueva realidad y a conseguir lo que te propongas... Recuerda hacer declaraciones con certeza y buscar la conexión de tu mente y corazón. Este será tu gran poder.

Ejercicio: Comienza a declarar

Escribe 10 declaraciones. Una vez las escribas, ponte la mano en el corazón y léelas en voz alta todos los días. Léelas todas las mañanas, todas las noches o en cualquier momento del día. Ejemplos: *Mi relación con todos es maravillosa. Soy una mujer próspera. Ya hay sanidad en mi vida. Ya soy millonaria...* y otras que desees.

Mis declaraciones

1) ....

2) ....

3) ....

4) ....

5) ....

6) ....

7) ....

8) ....

9) ....

10) ....

• Supera el miedo al dinero •

Hace aproximadamente 3 años, obtuve la licencia de corredora de bienes raíces. De inmediato, comencé a trabajar en el área de alquileres porque, al ser nueva en el mercado, el proceso era mucho más fácil que el de una venta. Me llegó el primer cliente y logré alquilar su propiedad. Estaba lucía porque me gané $750.00, cantidad buenísima para ser mi primera experiencia. Estaba tan emocionada por lo que me había ganado, que no quería gastarlo para nada y cada vez que ganaba más, siempre tenía mi mentalidad: *Voy a guardarlo y no los voy a tocar.*

Guardaba celosamente mis ganancias y hasta me molestaba muchísimo si de momento surgía alguna situación, como dañarse mi carro o algún enser en la casa, que me llevara a hacer uso de ese dinero. Realmente no me estaba dando cuenta de que, con esa actitud, estaba reteniendo el dinero demasiado. Esto me provocaba dejar de disfrutar de la abundancia. **Esta actitud reflejaba que le tenía miedo al dinero.** De seguro te preguntarás: «*¿Cómo que miedo al dinero?*», pues sí, amiga, miedo al dinero. ¿Sabes por qué? Porque no era agradecida, no disfrutaba lo que tenía a mi alrededor. Tenía sentimientos de insatisfacción, siempre me quejaba cuando tenía que pagar alguna factura, me endeudaba hasta el cuello y no sabía cómo salir de las deudas.

Es importante apreciar todo lo que tienes a tu alrededor.

Siempre debes de visualizarte con el dinero que deseas y dejar esos pensamientos limitantes. Al cambiar tus pensamientos por unos de abundancia, la energía también cambia e invitas la prosperidad a tu vida.

Ahora que tengo conocimiento en el tema, puedo identificar las limitaciones de cada una de las personas a mi alrededor, con tan solo escuchar sus palabras.

Hace algún tiempo, me fui de viaje con un grupo de amistades y familiares. Estuve todo el viaje observando la actitud y creencias de la mayoría de las personas que me acompañaban. Algunos estaban pendientes a no quedarse sin dinero, pendientes a los estados de cuenta del hotel, que no fuesen altos. Muchas veces escuchaba: *«Esto está carísimo», «No traje suficiente dinero para comprar eso», «Solo tengo para el viaje x cantidad»*. Estuve sentada en la piscina con mi daiquirí de cereza en mano –¡por cierto, sabe riquísimo!– y cada vez que escuchaba esas palabras me decía: *NO, NO, NO, me tengo que sentar hablar con fulano o zutana para orientarla*

*y que logre cambiar esos pensamientos limi-
tantes, porque realmente no se están dando
cuenta de que están estancando su dinero.* Ellos
disfrutaron su viaje, pero tenían constantemente
pensamientos de escasez.

Cuando vas de viaje, lo planificas y reservas un
presupuesto para gastar. Al estar cotejando todo
el tiempo cuánto te queda, no dejas que el dinero fluya y lo aguantas. No estanques la partida
de gastos. Eso es una señal de que le tienes miedo al dinero: miedo de quedarte sin dinero es
miedo al dinero.

**Date el permiso de gastar eso que presupuestaste.
Disfruta tu viaje.**

La energía del dinero

Me gusta mantenerme educándome con libros
y asistiendo a talleres para saciar toda la curiosi-
dad de por qué me sentía de esta manera.
Recuerdo que asistí a un taller creado por Idaliz
Escalante, fundadora de Mujer Empresaria de
Hoy, llamado *Money Mastermind*. De tan solo
leer el nombre, me dije: *Voy para allá, sí o sí.*
Fue en este taller donde escuché por primera
vez que el dinero es energía y que puedo atraer
todo el dinero que deseo. También pude detectar

el miedo que le tenía al tener esas actitudes de aguantarlo y de escasez.

Muchas personas tienden a pensar que el dinero es malo porque tal vez han pasado por alguna situación negativa al punto de que no quieren saber del dinero. Quizás porque lo prestaron o lo han pedido prestado, la experiencia no fue muy buena y les provocó estos pensamientos y sentimientos sobre el dinero. El dinero es una herramienta poderosa que no hace daño, no es difícil de conseguir y si lo manejas con sabiduría, te brinda libertad infinita.

Una vez puse en mi mente creencias positivas, me visualicé de una manera distinta con el dinero para crear la abundancia que tanto he deseado en mi vida. Elegí confiar siempre en que tengo la capacidad de vivir la vida que deseo, sin importar las situaciones que se presenten. Decidí tratar el dinero como una persona, amarlo, disfrutarlo, celebrarlo y hasta hablarle y dejarle saber claramente que soy yo quien tiene el control sobre él. Dejé que mi relación con el dinero fluyera para que no afectará ningún área de mi vida. **Al tener estas creencias, me hice cargo de mi salud financiera para poder recuperar el poder que siempre he tenido sin darme cuenta.** Y entendí, de una vez y por todas, que los problemas económicos son causados por las emociones que tenía, como los sentimientos de limitación, los cuales me impedían ver la realidad.

Si retienes el dinero, no le estás permitiendo aumentar su potencial.

La clave es dejarlo ser parte de tu vida, aprende amar lo que tienes, aprende a dar con el corazón para que te llegue con bendición.

Como ya estoy clara de que el dinero es energía, he creado el hábito de que cuando firmo un contrato con un cliente y me entrega una suma de dinero, lo tomo en mi mano y delante del cliente declaro: *«Este dinero ya es de prosperidad y bendición para tu vida»*. Igualmente, cuando me toca entregarlo, declaro: *«Bendición, prosperidad y abundancia»*. Al crear esta conexión con el corazón, realmente es impresionante todo lo bueno que recibes.

● Reta tus metas... y cumple tus deseos ●

«Si fallas en planificar, estás planificando fallar».
"If you fail to plan, you are planning to fail."
–Benjamin Franklin,
político, científico e inventor de EE. UU.

Llegó el momento de enseñarte la herramienta poderosa que he creado y que me ha ayudado durante todo este tiempo a visualizar y creer. La nombré «Reto para mi prosperidad» porque me ayuda a lograr alguna meta específica. Es una manera de retarme a mí misma. Con esta herramienta, he tenido la oportunidad de atraer todo lo que deseo en mi vida, no solo dinero, si no todas las cosas que deseo lograr en un tiempo determinado.

Comparto contigo esta herramienta porque sé que también te será de mucha ayuda. Lo importante es que cuando la trabajes, estés segura de tu petición para que puedas conectar con ella. Recuerda que la conexión más hermosa que puede existir en tu ser es el de la mente y el corazón.

- **Paso uno** - Determina tu meta. Por ejemplo, puede ser que lo primero que deseas lograr es saldar una deuda de $5,000.

- **Paso dos** - Añade una foto tuya a esta herramienta.

- **Paso tres** - Escribe tu nombre completo.

- **Paso cuatro** - Escribe tu meta. Por ejemplo: Deudas saldadas.

- **Paso cinco** - Determina con exactitud qué requieres hacer para lograr tu meta. Por ejemplo: Generar un ingreso extra, bajar balances y no usar las tarjetas, seguir un plan específico para saldar las deudas

- **Paso seis** - Establécete un plazo determinado en el que te propones alcanzar la meta que deseas. Debe de ser una fecha medible y alcanzable porque probablemente no tendrás resultados inmediatos. También puedes optar por <u>no</u> anotar una fecha y dejar que el Universo se manifieste y se encargue de hacer su trabajo. Es dejarte llevar por las señales, permitir que todo fluya y cuando sientas en tu corazón que es el momento, tomar las decisiones necesarias. A veces, haces una declaración: *Saldar la deuda* y el Universo comienza a mover esa energía, puede pasar el tiempo, aún tienes la deuda y de repente tienes acceso a $15,000 dólares y, en vez de saldar la deuda, te embrollas más... por eso, toma las decisiones que apoyan la meta que declaraste.

- **Paso siete** - Toma acción. Empieza de inmediato, sin importar si estás preparada o no. Presta atención a las señales; son las que te abrirán camino para que cumplir tu meta.

Cabe señalar que, si deseas alguna cantidad de dinero específica, la escribas, pero tienes que estar consciente de que una vez la recibas, finalices esa meta y comienza una nueva modificando esta herramienta, porque de no hacerlo, la señal que emitirá siempre será esa misma y no verás el progreso en ningún momento. Réstale importancia a cualquier sentimiento de duda o temor que pueda llegar a surgir en todo el proceso, déjalos pasar. Siempre ¡persiste!

Una vez completes los pasos, ubica la herramienta en un lugar visible para ti y léela en voz alta todas las veces que puedas. Por lo regular, la coloco en mi agenda, en la oficina y en la estación de maquillaje, porque son lugares que siempre frecuento y acostumbro a leerla cada vez que la veo. El propósito es que puedas verla, te visualices, la sientas y estés convencida de que se cumplió tu petición. Esto es parte de lo que los expertos llaman la *Ley de la Atracción*. La misma responde a imágenes que tienes en tu mente. ¡Te sorprenderás de los resultados y todo lo que tu vida financiera cambiará! Recuerda: ¡YA LO TIENES!

RETO 2

044

Libérate del
estancamiento
financiero

«Si no puedes volar, corre, si no puedes correr, camina, si no puedes caminar gatea, pero hagas lo que hagas, sigue adelante».

–Martin Luther King,
teólogo estadounidense, defensor de los derechos civiles

Como *coach* en finanzas personales, siempre he dicho que la educación tradicional es importante; nos enseña a leer, a escribir y diversas materias como Matemáticas, Español, entre otras. Nos prepara diariamente para que seamos profesionales, tener trabajos "seguros" y ganar buen dinero. Pero, lamentablemente, no nos enseña la parte esencial que toda persona alrededor del mundo tiene que conocer: la educación en finanzas personales.

Las experiencias que vives a diario, por más simples que sean, pueden ser de gran diferencia para tu vida. Te puedes liberar fácilmente del estancamiento financiero con pequeñas acciones que realices todos los días y que se convertirán en buenas decisiones a largo plazo. Realmente, no necesitas ser una experta en finanzas personales para que puedas aceptar este reto y obtener resultados exitosos.

La buena noticia es que salir del estancamiento es más simple de lo que crees. El estancamiento financiero es literalmente igual que el conformismo. Según la página www.quesignificado.com: *«El conformismo es una actitud negativa de aceptación de los acontecimientos cotidianos independientemente de sus cualidades positivas o negativas, sin ánimo de lucha».*

El estancamiento financiero se refleja cuando pasan los años y no logras ver aumento en tus finanzas.

Es importante que establezcas un plan y lo reconozcas como tu prioridad. Te daré unos puntos importantes que me ayudaron a mí y sé que te ayudarán a ti a salir del estancamiento que tanto te tortura.

Desde pequeña, me enseñaron que nunca dependiera de nadie y que luchara por mis sueños. Consejos que siempre tuve presente y, a los 16 años, tuve mi primer empleo mientras estudiaba en la secundaria. Me encantaba ayudar a mi mamá a comprar las cosas de la escuela. ¡Claro!... así compraba lo que me gustaba. Aprendí a tener responsabilidad como cualquier otro adulto, salía de la escuela e iba a arreglar uñas en un salón de belleza cerca de mi casa. Siempre me ha encantado trabajar, al punto de llegar a tener dos trabajos para tener un dinero extra y poder darme los gustitos que toda adolescente desea. Al graduarme de escuela superior, conseguí un trabajo a tiempo completo y tuve que comprar un auto para poder moverme con facilidad, sin depender de que me llevaran y me trajeran. Para ese entonces, el sueldo no era mucho y decidí aumentar mis ingresos para sentirme estable económicamente sin depender de otros.

Primer punto:
◆ Nunca depender solamente de un ingreso ◆

Nunca dependas solo de un salario, ni de la pensión de tus hijos, ni de bonos extras que te den por llegar a tus metas mensuales en un trabajo regular. Para poder cumplir tus metas y sueños, es probable y hasta necesario que tengas que sacrificar muchas cosas, pero los resultados son de éxito. Existen varias alternativas viables que pueden ayudarte a aumentar tus ingresos. Sin pasar mucho trabajo. Solo tienes que analizar qué es lo más conveniente para ti. ¿Qué te gusta? ¿A dónde te gustaría llegar? Esa respuesta la tienes en la Carta de Compromiso que hiciste contigo misma como parte del Reto 1, en el capítulo anterior. Si aún no la has hecho, te invito a que saques un tiempo y la hagas. Por lo pronto, te menciono alternativas que utilicé antes de convertirme en coach de finanzas que me funcionaron. Estas alternativas requieren ninguna o poca inversión.

Alternativas para crear distintas fuentes de ingresos

Existen varias compañías de **ventas por catálogo** como Avon, que brindan oportunidad de ingresos extras. Pueden pagarte una comisión de un 10% a un 30% aproximadamente. La realidad es que no es mucho, pero ese dinero extra viene superbién y, sin esforzarte mucho, te pueden llegar clientes para hacerte alguna orden.

También existen las **compañías multinivel**, como Pure Romance, Thrive Le-vel, Herbalife, entre otras, que muchas veces brindan páginas web para que los clientes puedan comprar y, además, te ofrecen descuentos en productos para que los tengas disponibles al momento de que surja alguna venta, obtengas mayor ganancia u ofrezcas parte del descuento a tu cliente. Estas compañías tienen muy buenos bonos y pueden pagarte semanalmente.

¿Estudiaste algo como *Coaching,* Recursos Humanos, Gerencia, etcétera?, ¿te sientes lista y capaz para preparar a otros en esa área? ¿Deseas tomar alguna certificación con el mismo propósito? Los **servicios de asesoría** son espectaculares, más en estos momentos que están en auge y las personas necesitan de nuestro apoyo. Además, hoy día la tecnología nos brinda la oportunidad de comunicarnos de manera virtual. No necesariamente tienes que reunirte con ese cliente en persona. Existen varias plataformas gratuitas como *Zoom* y *Hangouts* de Google que, con un buen servicio de Internet, puedes lograr conectarte y reunirte virtualmente con tu cliente.

Cuando tomé los cursos para ser asesora en Reparación de Crédito y Finanzas Personales, comencé inmediatamente a brindar consultorías y talleres presenciales. Con el tiempo, logré entender que realmente esta profesión era mi pasión y a la vez que enseñaba, ganaba dinero extra. Cuando comencé, cobraba las consultorías entre $30.00 a $40.00 dólares por persona, por 2 horas; y los talleres de cuatro horas a $50.00 por persona con los materiales incluidos, los grupos eran mayormente de 12 a 15 personas. De esta manera, logré aumentar mis ingresos y, al mismo tiempo, enseñaba lo que me gustaba.

También los **cursos y tiendas virtuales** son la orden del día. Existen plataformas que te brindan la oportunidad de añadir tus productos, incluso, si son hechos por ti misma. Además, te bridan la conveniencia de poder venderlos tanto en Puerto Rico como en el exterior. Experimento diariamente esta modalidad con unas plataformas llamadas Udemy y Teachable, en las que publiqué un curso para beneficiar a todo consumidor interesado en aprender sobre sus finanzas personales. Mientras estoy atendiendo clientes, leyendo, creando un blog o hasta durmiendo, recibo notificaciones constantemente cuando alguien ha comprado mi curso. De verdad es algo emocionante.

Existen diferentes plataformas con las que puedes hacer **afiliaciones** como Amazon, ebay, Shopify, entre otras; con estas compañías puedes recibir algún porcentaje por cada venta que se haga.

Si sabes hacer bizcochos, alguna manualidad, bailar... ¡sácale partido de inmediato! Ese es el dinero extra mejor ganado, ya que es un producto o servicio hecho por ti. ¡Olvida el qué dirán! Te puedo seguir mencionando muchísimas alternativas más, pero te menciono las que me funcionaron y me siguen funcionando. Soy apasionada con la evolución constante y aprender cosas nuevas, ¿y por qué no capitalizarlas?

Si deseas una transformación en tus finanzas, tienes que comenzar a tomar acción para que puedas ver logradas esas metas que deseas en corto tiempo. No es que trabajes como una loca y no tengas tiempo ni para tu familia; pero sí es sumamente importante que tengas ese balance, que logres tener otra entrada y puedas ver tus metas cumplidas.

Segundo punto:
Nueve estrategias para aumentar tus ingresos a través del ahorro

Hace varios años me propuse comprar mi primera propiedad. Te confieso que estaba bien obsesionada con esa meta, era mi meta principal. Tuve que cambiar muchísimo mi estilo de vida, mis hábitos y, entre estos cambios, comencé a desarrollar mi habilidad para ahorrar, la cual me ha ayudado muchísimo y me sigue ayudando. Una vez que reconocí qué era lo que me estaba deteniendo, mi mentalidad cambió positivamente y tomé acción. ¿Cómo? Busqué esos ingresos extras que te mencioné al principio de este reto, pues ya tenía el ingreso por mi trabajo regular. Entonces, me dediqué a aumentar mis ahorros sin fallar.

Comienza a cambiar tus hábitos para que puedas lograr tus metas. **Recuerda que si dependes de un solo ingreso, no podrás alcanzarla tan rápido,** a menos que tus ingresos sean lo suficientemente altos para poder cumplir con ellas y solo tengas que hacer uno que otro ajuste. Si este es tu caso, no te preocupes que más adelante te mostraré cómo puedes hacerlos.

Estrategias de ahorro automático

- **Estrategia 1: Depósito automático a una cuenta de ahorro**

  Cuando me decidí a crear el hábito del ahorro, visité una cooperativa y abrí una cuenta de acciones. En estas cuentas puedes depositar constantemente, pero no te permiten sacar tu dinero; es como si estuviese congelada. Aproveché esta restricción que me impedía sacar mi dinero y le solicité a mi patrono que me depositara automáticamente a mi cuenta $60.00 dólares de cada cheque bisemanal. Al hacerlo de esta manera, me hacía de la idea que ese dinero no existía.

- **Estrategia 2: Cuentas de ahorro por temporadas**

  Hice lo mismo con un *Christmas Club* y hasta llegué abrir un *Verano Coop* (estas son cuentas de ahorro para las temporadas especiales de navidad y verano, que no te permiten retirar el dinero hasta una fecha determinada, generalmente un año). Esto también puedes hacerlo con un certificado de depósito, un tipo de cuenta de ahorro que ofrecen los bancos por un tiempo determinado y que pueden pagar intereses fijos o variables.

  Vamos a sacar números. Supongamos que te debitan solo $20.00 dólares cada semana para tu cuenta *Christmas Club*. El año tiene 52 semanas. Es un total de $1,040.00. Pregúntate a ti misma: *¿Qué puedo hacer con esta cantidad?, ¿saldo una deuda que tengo pendiente hace mucho tiempo?, ¿los transfiero a una cuenta que no me permita retirar dinero para seguir con los planes de la compra de mi primera casa, auto, viaje, etcétera?, ¿los reservo como fondo de emergencia?*

- **Estrategia 3: Inscribirse en programas de descuentos**

  Me encantan los programas de descuentos de las tiendas y restaurantes. Resultan muy beneficiosos porque brindan cupones de descuentos por correo electrónico o al momento de pagar, entonces, el cajero me indica que tengo un crédito y me pregunta que si lo deseo utilizar en la compra. ¡Obvio, claro que sí! Tengo la fortuna de que me han llegado acreditar desde $5 hasta $20 dólares por compra y lo que termino pagando son unos centavos. También hay compañías grandes que tienen la modalidad de comparar precios y te honran el mismo precio que tiene la competencia... ¡hasta existen aplicaciones que lo hacen por ti! La misma aplicación te brinda la opción de escanear el recibo de compra, ella detecta en unos días cuál artículo compraste que la competencia lo tiene más económico y te acreditan la diferencia. Te aseguro que si empiezas con estas prácticas, podrás ver tu dinero mucho más.

- **Estrategia 4: Planes de ahorro**

—*«Si fuera así, tan fácil...».*
—**«¡Pues sí, lo es!».**

Desde cualquier punto de vista, ahorrar puede sonar un poco complicado, pero existen muchas formas de lograrlo. Este reto es muy poco atractivo, pero es un plan muy beneficioso, el cual puedes ejecutar de la manera que creas conveniente para ti. El resultado dependerá de ti misma, de los objetivos que tengas en mente. Lo importante es que debes concentrarte y tener persistencia sin pensar en el tiempo. Esto me ha funcionado a la perfección para lograr mis objetivos.

Reto $800

¿Cómo lo utilizarás? Cada número de semana sacarás la cantidad que indica la tabla. De esta manera, lograrás ahorrar $800.00 dólares en 12 semanas.

Tabla: Reto $800		
Semanas	Depósito	Acumulado
1	$20	$20
2	$65	$85
3	$30	$115
4	$75	$190
5	$40	$230
6	$90	$320
7	$50	$370
8	$100	$470
9	$60	$530
10	$100	$630
11	$70	$700
12	$100	**$800**

¡Ya tienes ahorrado $800 en 12 semanas!

Reto $1,378

¿Cómo lo utilizarás? Por cada número de semana sacarás $1.00, exactamente como indica la tabla. De esta manera, lograrás ahorrar $1,378.00 dólares en 12 meses.

Tabla: Reto $1,378

Semana	Ahorro	Balance	Semana	Ahorro	Balance
1	$1.00	$1.00	27	$27.00	$378.00
2	$2.00	$3.00	28	$28.00	$406.00
3	$3.00	$6.00	29	$29.00	$435.00
4	$4.00	$10.00	30	$30.00	$465.00
5	$5.00	$15.00	31	$31.00	$496.00
6	$6.00	$21.00	32	$32.00	$528.00
7	$7.00	$28.00	33	$33.00	$561.00
8	$8.00	$36.00	34	$34.00	$595.00
9	$9.00	$45.00	35	$35.00	$630.00
10	$10.00	$55.00	36	$36.00	$666.00
11	$11.00	$66.00	37	$37.00	$703.00
12	$12.00	$78.00	38	$38.00	$741.00
13	$13.00	$91.00	39	$39.00	$780.00
14	$14.00	$105.00	40	$40.00	$820.00
15	$15.00	$120.00	41	$41.00	$861.00
16	$16.00	$136.00	42	$42.00	$903.00
17	$17.00	$153.00	43	$43.00	$946.00
18	$18.00	$171.00	44	$44.00	$990.00
19	$19.00	$190.00	45	$45.00	$1,035.00
20	$20.00	$210.00	46	$46.00	$1,081.00
21	$21.00	$231.00	47	$47.00	$1,128.00
22	$22.00	$253.00	48	$48.00	$1,176.00
23	$23.00	$276.00	49	$49.00	$1,225.00
24	$24.00	$300.00	50	$50.00	$1,275.00
25	$25.00	$325.00	51	$51.00	$1,326.00
26	$26.00	$351.00	52	$52.00	$1,378.00

¡Ya tienes ahorrado $1,378!

Reto $5,000

¿Cómo lo utilizarás? Si cobras dos cheques al mes, sacarás exactamente la cantidad que indica la tabla. De esta manera, lograrás ahorrar $5,000.00 dólares en solo 12 meses.

Tabla: Reto $5,000		
Mes	Cheque #1	Cheque #2
Enero	$170.00	$171.50
Febrero	$198.00	$198.00
Marzo	$160.00	$205.00
Abril	$172.50	$195.00
Mayo	$195.00	$207.50
Junio	$207.50	$220.00
Julio	$220.00	$230.00
Agosto	$230.00	$160.00
Septiembre	$240.00	$240.00
Octubre	$252.50	$252.50
Noviembre	$262.50	$262.50
Diciembre	$175.00	$175.00
	Balance Final	$5,000.00

¡Ya tienes ahorrado $5,000 en 1 año!

Puedes conseguir más ideas de planes de ahorro en: http://likeabubblingbrook.com

- **Estrategia 5: Nunca subestimes el valor de las monedas**

Este ejercicio te encantará porque te ayudará a ver todo el dinero que tienes y no te has dado cuenta... y ahorrarás más de $500.00 en poco tiempo. Una vez lo hagas por primera vez, le cogerás el gustito.

1. Abre todas las carteras que tengas en tu clóset o dondequiera que las guardes, y también abre las gavetas de tu vehículo.
2. Verifica el fondo de cada una de ellas.
3. Saca todo el menudo que tienes guardado ahí.
4. Clasifica ese menudo que recuperaste por el valor de cada moneda (según tu país). En Puerto Rico son pesetas, vellones, *dimes* y centavos.
5. Busca cuatro botellas de agua y quítales la etiqueta.
6. Identifica las botellas con cada una de las monedas y escribe la meta que quieres alcanzar.
7. Comienza a llenar las botellas clasificadas.
8. Mantente haciendo este ejercicio cada vez que tengas menudo.

Para hacer este ejercicio, no necesariamente tienes que utilizar botellas de agua. Puedes utilizar envases como de galletas, velas u otros que tengas vacíos en tu casa. La idea es crear el hábito del ahorro: NO tienes que gastar en alcancías.

Estrategias de ahorro al comprar sabiamente

«Si vas a comprar algo, piensa:
"¿Qué pasaría si no lo compro?".
Si la respuesta es "Nada", no lo compres
porque no lo necesitas».

–Warren Buffet, empresario, inversionista
y director del *Washington Post*

- **Estrategia 1: Ahorra al comprar en el supermercado**
Conozco personas que aún se sientan con su taza de café a ver cada uno de los *shoppers* todos los domingos. Los tiempos han cambiado y, por esta razón, los miércoles y domingos ya no me siento a la mesa del comedor a buscar los especiales del periódico como antes, porque, definitivamente, el Internet nos ha facilitado la vida muchísimo. Lo que sí tengo como hábito es que cuando me toca ir al supermercado, busco los *shoppers* en la Internet para ir estudiando si los productos que compro están en especial. Te confieso que antes iba al supermercado y compraba cosas que pensaba que me faltaban en mi alacena y cuando llegaba con todos lo paquetes, tenía veinte mil artículos de un mismo producto. Pero como aprendí a desarrollar mi habilidad para ahorrar,

ahora acostumbro a abrir la alacena antes de ir al supermercado y hacer una lista de todo lo que tengo que comprar para evitar gastar de más. La aplicación *Our Groceries Shopping List* es un recurso excelente, ya que puedes crear tu lista de todos los productos que compras regularmente y en el momento que alguno se acaba, lo marcas en la misma aplicación y ella te avisa para que lo compres cuando estés de camino a tu casa y, aún mejor, puedes añadir a todos los miembros de la familia para que también puedan ver qué hace falta. Me encanta porque de esta manera haces a tu familia partícipe de las responsabilidades del hogar.

Otra técnica que utilizo mucho es **no** ir con hambre al supermercado porque, de esta manera, se me puede apetecer todo lo que hay en cada góndola. Otro punto muy importante es que voy sola y sin prisa porque así puedo analizar con calma lo que estoy comprando y a qué precio. Estas técnicas definitivamente me han ayudado ahorrar muchísimo dinero.

- **Estrategia 2: Ahorra al comprar ropa**
Soy de las que me encanta ir de compras cuando tengo alguna salida especial. Tenía la costumbre de ir con prisa cuando salía a comprar mi ropa, porque mi tiempo es limitado. Me di cuenta de que la prisa es el

peor enemigo de la mujer para este tipo de cosas. Cuando iba a una tienda, me enfocaba en la mercancía de la entrada, me quedaba observando la ropa bella de los maniquíes, rápido seleccionaba lo primero que veía y me lo medía. Realmente, no tenía consciencia de cuánto iba a pagar por la ropa que seleccionaba. Pagaba y listo.

Con el aprendizaje que tuve todo este tiempo, ahora me dirijo directamente a los racks de liquidación que la mayoría de las veces se encuentran en la parte de atrás de la tienda o, a veces, hacen eventos varias veces al año de ventas al pasillo, como le decimos en Puerto Rico, donde seleccionan ropa que lleva tiempo sin venderse y las ponen en liquidación a precios supereconómicos para poder salir de ellas. Si te acostumbras a hacer este ejercicio, te aseguro que saldrás con la combinación completa, no tendrás la preocupación de que alguien tenga la misma ropa que tú en esa actividad porque la mayoría de las personas compran lo último que llegó a la tienda, saldrás complacida, lucirás como toda una diva y, lo mejor de todo, a precios superespectaculares.

- **Estrategia 3: Ahorra con las tarjetas de crédito**
  Otra forma en que puedes aprender a ahorrar es con las tarjetas de crédito. Las tarjetas

de crédito son un instrumento financiero buenísimo para mantener tu crédito activo o comenzar a mejorarlo. Recuerda que las tarjetas de crédito son una forma de préstamo, así que cuidado, evita la tentación de comprar en exceso con ellas. Las tarjetas son utilizadas para mejorar tus finanzas, no para satisfacer necesidades ni caprichos, ni mucho menos querer mantener el estilo de vida que llevan los demás. **El error más común que puedes cometer es utilizar una tarjeta de crédito para completar gastos mensuales.** ¡Nooo! Ese es un error fatal.

En lo personal, les tengo respeto a mis tarjetas de crédito y acostumbro a utilizarlas solo cuando veo que hay ofertas tentadoras, por ejemplo: cuando te indican que, si haces la compra con la tarjeta de crédito, el artículo te saldrá a mitad de precio, siempre y cuando lo pagues en solo dos meses. Y, definitivamente, la uso cuando se trata de un producto que necesito y su precio regular es bastante alto. Estas sí son ofertas que valen la pena aprovechar siempre que tengas la disciplina de saldarla en el tiempo indicado. Pero si no eres disciplinada como yo no lo era antes, ¡olvídalo!, ni lo intentes.

Eres una mujer triunfadora y sabia, no permitas por ningún motivo, que las tarjetas de

crédito jueguen con tu mente. Si te dejas llevar y sacas números del tiempo que te puede tomar en pagar cualquier artículo abo-
nando el mínimo todos los meses, te puedes
tardar más de 20 años en saldarlo. Imagínate
si compras más artículos. Serás esclava por el
resto de tu vida.

- **Estrategia 4: Ahorra al evitar gastar
en comida fuera de la casa**
Los restaurantes de comida rápida han subi-
do sus precios bastante y por más que
selecciones alguna oferta que sea económica, de seguro que gastas más de $15.00,
¡imagínate si tu familia es grande!

Antes iba al supermercado y gastaba por
ejemplo $150.00 quincenales en la compra
y también en la semana si llegaba cansada
y tarde del trabajo, me paraba a comprar
comida y esto provocaba no llevarme almuerzo
para el trabajo porque no sobró comida del
día anterior. Así que también gastaba en el
almuerzo. Me dejaba llevar por el gusto en
repetidas ocasiones. Al razonar, me decía:
Yara, si sigues haciendo esto, te vas a arruinar.

Luego de haber creado conciencia, varias
veces dejé de hacer ricos a los restaurantes
de comida rápida y aunque llegara cansada,
cocinaba. Creé el hábito de hacer desayuno,

prepararme mis meriendas y el almuerzo para llevarlos al trabajo sin fallar.

Soy de las que me fascina el café ¡tan rico!, ¿verdad? y, por eso, acostumbraba a comprar 3 cafés diarios. Saqué números reales y llegué a la conclusión de que podía utilizar ese dinero para saldar alguna deuda. El café me costaba **$1.00**, ese $1.00 lo multiplique x 3 que era la cantidad de cafés que me tomaba, o sea, gastaba $3.00 dólares diarios por los 5 días que estaba en mi trabajo y me dio $15.00 a la semana. Al año ($15.00 por 52 semanas) es un gasto real de $780.00. Cuando vi que era mucho dinero, me quedé en *shock* y fui corriendo a comprar un termo para llevar café también.

¿Sabías que, si haces un esfuerzo específicamente en estos puntos, puedes llegar a ver tu dinero en abundancia?

Si eres de las que te preguntas constantemente: «*¿Dónde está mi dinero?*», pues aquí tienes la respuesta clara y directa. Al aplicar cada una de estas estrategias, estoy más que convencida de que tú misma te sorprenderás de todo el dinero que has perdido y, por ello, se han atrasado tus metas deseadas.

Te recomiendo a que le enseñes cada una de estas herramientas a toda tu familia y a todo aquel que se encuentre en tu círculo, para que puedan aplicarlas también. Créales hábitos, disciplina y capacitación financiera. Créeme, siempre te lo agradecerán. Además, el enseñarles a otros te hará crecer como ser humano. Todas estas herramientas son de gran valor para que logres tener mejor calidad de vida.

¡Éxito!

RETO 3

Aniquila tus
deudas

«No ahorres lo que te queda
después de gastar, gasta lo que te queda
después de ahorrar».

–Warren Buffet,
empresario, inversionista y director del *Washington Post*

Aprendí a elaborar un presupuesto efectivo, cuando me certifiqué como *coach* de Finanzas Personales, en el Instituto de Finanzas Personales de Puerto Rico. Decidí tomar este curso para reforzar mis conocimientos en reparación de crédito y, a la misma vez, aplicar lo aprendido en mi vida financiera. En este tercer reto, comparto contigo parte de la información para que aprendas cómo manejar ese dinero que encontraste y que puedas comenzar el proceso de saldar tus deudas en tiempo récord.

⬧ Elabora tu presupuesto ⬧

El presupuesto, según su definición estratégica es lo que te muestra dónde usar tu dinero, en un momento dado y con un propósito definido. Hacer un presupuesto te da una visión clara al momento de comenzar un plan efectivo y saldar tus deudas con éxito. Para hacer un presupuesto personal no necesitas la tecnología, solo necesitas papel y lápiz. Aunque cabe destacar que existen aplicaciones que pueden facilitarte este proceso como "Fast Budget" y "EveryDollar". **¡Vamos a comenzar de cero!**

Haz tres columnas en tu papel. En una anotarás todos tus ingresos mensuales, por ejemplo: sueldo, pensión, alguna comisión, bonos, inversión, alguna compensación, etcétera. En la próxima columna escribirás todos tus pagos mensuales con cantidades que no varían. Estos son los llamados *gastos fijos*, por ejemplo: tu renta o hipoteca, cable tv, préstamos personales, auto, escuela o cuido de tus hijos. En la tercera columna, y no menos importante, debes anotar tus gastos variables que son los que haces regularmente, que no tienen una cantidad específica porque dependen de su uso o consumo, por ejemplo: la gasolina, el agua, la luz, comida, arreglo de uñas, arreglo del cabello, tus salidas, medicinas y otros.

Es importante que lo anotes todo y, cuando digo todo <u>es todo</u>, porque si dejas de anotar algo, no harás un presupuesto real y no te servirá de mucho.

Cuando me toca hacer este ejercicio, ando con una libreta pequeña en mi cartera y anoto todos mis gastos a diario; así sea un centavo que done. Si entro a una gasolinera y, además de echar gasolina, compro una dona y un jugo, tan pronto vuelvo a mi vehículo, saco la libreta pequeña y anotó el gasto que hice en la gasolinera (gasolina, dona y jugo). ¡Créeme! esto es de mucha ayuda. Te muestro cómo lo hago en mi libreta:

Fecha	Compra	Costo
2/1/2019	gasolina	$50.00
2/1/2019	dona	$1.75
2/1/2019	jugo	$1.75

Una vez haces estas listas y las sumas, harás el siguiente ejercicio:

Total de Ingresos − Total de Gastos Fijos y Variados = _____

- Si el total te dio en positivo, por ejemplo: $117.00, con este sobrante estás lista para ajustar esas ganancias y comenzar a abonar a tus deudas.
- Si te dio poco sobrante, por ejemplo $50.00, esto quiere decir que tienes que comenzar a hacer ajustes en tus gastos, para que tu sobrante sea mayor.
- Si el resultado te sale en negativo, lo verás así **(-$117.00)**, entonces, comenzarás a **recortar los gastos** que tuviste ese mes o alguna factura que no es importante, para que cuando lo comiences a hacer el mes próximo, no pase lo mismo. Cuando hablo de *recortar gastos*, me refiero a que analices lo que no es necesario tener.

Comparto contigo esta experiencia como ejemplo. Llegaba tarde a mi casa todos los días porque trabajaba de 8:00 a. m. a 4:30 p. m. y cuando salía, atendía a mis clientes, literalmente, los 6 días a la semana. Finalmente, en la casa comenzaba a cocinar mientras mi esposo y yo hablábamos de todo lo que hicimos en el día. Luego, si tenía casos pendientes de crédito, me encerraba en mi oficina por 2 horas ya sintiéndome exhausta. Me daba un baño y me acostaba a dormir para volver a la batalla al próximo día y, realmente, ni ganas me daban de ver televisión. Hasta que me pregunté: *¿Para qué pago $150.00 de cable TV al mes si solo vemos televisión 1 o 2 días, o sea, sábados y domingos, y eso, si no tenemos alguna actividad con amigos o familiares?* Tomamos la decisión de cortar el Cable TV e instalar una cajita en forma de *pendrive* con la que pagamos $20.00 dólares por ver películas y $13.00 por Netflix para ver las series que tanto nos encantan. Lo que significó un ahorro de $117.00 dólares mensuales en mi presupuesto y con ellos decidí saldar una tarjeta de crédito que teníamos con un balance alto.

En mi caso fue el cable TV. En tu caso podría ser otra cosa. Analiza con detenimiento qué gastos no son necesarios. **Cabe destacar que una vez comiences a elaborar tu presupuesto, ten presente que no puedes hacer uso de las tarjetas de crédito,** ya que no estarías avanzando nada, porque, como te mencioné en el *Reto 2: Libérate del estancamiento* *financiero*, las tarjetas son una forma de tomar prestado y esto puede afectar completamente tu plan para saldar deudas.

NOTA IMPORTANTE: *Como este presupuesto es mensual es importante que anotes todo gasto diario de todas las semanas; así sean .25 centavos que gastaste en cualquier cosa. Haces la suma y lo añades en la tabla de presupuesto mensual que encontrarás más adelante.*

¡Sí!, sé que este proceso puede sentirse un poco tedioso al principio, pero una vez lo domines, te aseguro que lo seguirás haciendo hasta agarrar el truquito y cuando veas que lograste cortar gastos para abonar el dinero a una cuenta que estás loca por saldar hace mucho tiempo, te sentirás orgullosa de ti misma.

La mujer financieramente inteligente es sabia y tiene muy claro la importancia de sacrificar unas cosas para obtener los resultados que desea.

¿Qué hago si trabajo por cuenta propia?

Cuando llegué a trabajar por cuenta propia en el campo de la belleza, uno de los errores que cometía era manejar todo en efectivo. De esta manera, no tenía el control absoluto del dinero.

A la hora de almorzar, sacaba del dinero del negocio para comprar la comida, igualmente, cuando compraba café o algún jugo. Si llegaba una clienta que vendía zapatos, ropa o prendas, también le pagaba con ese dinero. Como consecuencia, cuando era el momento de comprar los materiales y pagar el local, siempre me quedaba corta y tenía que trabajar el doble para sentir que tenía ganancias. Llegué a pensar muchas veces que el campo de la belleza no era para mí, porque sentía que no ganaba lo suficiente. La realidad era que tenía dinero, pero estaba haciendo un mal manejo del mismo. Definitivamente, esto llevó mi negocio al fracaso.

Si trabajas por cuenta propia, crea el hábito de ser disciplinada y separa el ingreso del negocio y el de tus finanzas personales.

A continuación, te menciono varios puntos esenciales que pueden ayudarte a evitar fracasos en tu negocio.

1. Establece un presupuesto de tu negocio: haz una lista de los ingresos y los gastos.
2. Recurre a la banca *online* y abre dos cuentas. Una para tu uso personal y otra para tu negocio.
3. Asígnate un salario con el cual te sientas cómoda, ya sea semanal, bisemanal

o mensual.

4. Establece tus días de pagos y acostúmbrate hacerlo sin fallar. Con este salario, cubrirás todos tus gastos y deudas personales. Por ejemplo: ahorros, fondos de emergencia y más.

5. Automatiza y programa los pagos que debes hacer del negocio.

**Siempre ten en mente separar
tu negocio de lo personal.**

Visualiza que trabajas para una empresa y esa empresa es la que te paga, no tú a ella. Si crees que no eres disciplinada con estos puntos esenciales, puedes contratar los servicios de un contable, que puede apoyarte de manera muy profesional.

Ejercicio: Haz tu presupuesto ahora mismo

Tabla de presupuesto mensual	
Ingresos	
Sueldo	
Comisión	
Inversión	
Pensión	
Otro	
TOTAL	
Gastos Fijos	
Vivienda	
Cable TV	
Vehículo	
Préstamos	
Escuelas/Cuido	
Otros	
TOTAL	
Gastos Variables	
Gasolina	
Luz	
Agua	
Comida	
Celular	
Otros	
TOTAL	

Total de Ingresos – Total de Gastos Fijos y Variados = _____

$ _____ – $ _____ = $ _____

Tu enfoque

Tu enfoque, mentalidad positiva, aprender a ahorrar correctamente y hacer un presupuesto son pasos superimportantes para poder llegar a este gran método de saldar tus deudas. La realidad es que este es uno de mis favoritos. A través de él, te voy a llevar por el camino correcto para que puedas saldarlas en poco tiempo. Con este reto en específico es que tu vida financiera cambiará y podrás cumplir tus metas. Verdaderamente, te sentirás una mujer financieramente inteligente en todo el sentido de la palabra. Es importante que antes de realizar este reto, tengas muy claro los retos anteriores. Para llegar a tu verdadera meta financiera, tienes que tomar el control de tus ingresos y gastos. Es por esto que te mencioné la manera de cómo hacer un presupuesto para que comiences este método efectivamente.

¿Has pensado por un momento qué estarías logrando ahora mismo si no tuvieras que pagar el carro, tus tarjetas de crédito, el préstamo estudiantil u otros pagos que consumen tu dinero y tu tiempo? ¿Qué te parecería si estuvieras haciendo tus pagos regulares como los de tu vivienda, agua, luz y compra? La respuesta es bien fácil y te la puedo decir ahora mismo que estás leyendo este capítulo: **estarías cumpliendo e invirtiendo tiempo y dinero en tus *sueños y metas.*** He escuchado muchas personas diciendo que *es difícil no tener deudas,* pero ¿sabes qué?, no es difícil. Estoy muy segura de que tú sí lo lograrás porque aprenderás cómo salir de tus deudas en poco tiempo. Te soy sincera: no es tan fácil, pero vale la pena.

Solo necesitas ser determinada, esforzarte y sacrificar muchas cosas ahora, para que puedas obtener buenos resultados.

• Comienza a saldar tus deudas •

Como mencioné en capítulos anteriores, la manera más rápida y sencilla de poder cumplir tus metas financieras es generando ingresos extras. Si no deseas generar ingreso extra porque tienes la capacidad financiera con un solo ingreso, aun así, puedes encaminar tus finanzas cambiando tus hábitos de consumo y de ahorro.

Ahora aprenderás un método que ha ayudado a miles de personas alrededor del mundo a saldar sus deudas en poco tiempo y también me ayudó a mí, una vez lo puse en práctica. Este método –que es una estrategia de eliminación de una deuda en corto o poco tiempo–, es el llamado *Snowball* o bola de nieve, propuesto por Dave Ramsey, autor de *La transformación total del dinero* y experto en finanzas personales, en Estados Unidos.

Lo que me encantó de Dave Ramsey fue que pasó una situación financiera bien fuerte hace más de 26 años, que lo llevó a endeudarse tanto que se tuvo que declarar en quiebra. Dave Ramsey comenzó a ganar buen dinero cuando trabajó en la profesión de bienes raíces y, en menos de 3 años, debía millones de dólares a diferentes acreedores. En esa coyuntura, comenzó a interesarse en los temas de finanzas personales y a orientar a los consumidores para que no cometieran los mismos errores.

Es por esto que me identifico mucho con él, porque, aunque yo no debía millones de dólares, sí te confieso que muy joven llegué al punto de declararme en quiebra, luego de que mi crédito se viera afectado por *brindar una firma a un amigo* o ser su colateral para un préstamo de auto, el cual tuvo desperfectos mecánicos. El concesionario no quiso responder y el banco, mucho menos. Luego de seis meses, tuvo que entregar el vehículo al banco. ¿Que si hubo coraje? Sí y desespero también porque siempre recordaba que mi madre me enseñó que el crédito tenía que cuidarlo porque sin él no podemos hacer nada. Luego de este suceso, pensé que lo iba a tener afectado toda la vida y dejé de pagar otras dos cuentas. Esa decisión fue un error y me llevó a tener serios problemas financieros porque no estaba bien orientada ni tenía el conocimiento necesario. Pensé que todo estaba perdido y que no podía lograr todas mis metas.

Luego de un tiempo, logré llegar a un acuerdo con el acreedor al que di mi firma, porque la cantidad adeudada no era tan grande. A pesar de que la cuenta no era mía, tomé la decisión de saldarla para poder cumplir mi sueño. No pude lograr una negociación con las cuentas que, por ignorancia, dejé de pagar. Ya había hecho los trámites para la compra de mi casa y, un año más tarde, los cobradores estaban detrás de mí. Había logrado comprar mi casa y estaba hecha un mar de nervios por el miedo a perderla. La ansiedad, desesperación y frustración me llevaron a pensar de inmediato en una quiebra... ¡No quería perder lo que con tanto esfuerzo había logrado a pesar de mis errores pasados!

Al fin puedo contar mi gran secreto de años: tuve que acogerme a un proceso de manejo de deuda, es decir, la temida "quiebra". Al contrario de la percepción general en la sociedad, fue precisamente este proceso lo que me ayudó a evolucionar de manera exitosa en mis finanzas. No es que te esté recomendando que te vayas a la quiebra, sin embargo, es una herramienta que, en algunas circunstancias, ayuda a la gente a empezar de nuevo. Comencé a interesarme y a educarme en todos los temas de finanzas personales y, hoy por hoy, te estoy apoyando a ti para que no cometas los mismos errores y puedas cumplir todas tus metas.

Aprendí este método y lo puse en práctica luego de mi precaria situación financiera y, créeme que si llegaba a saberlo antes, hubiese evitado muchos malos ratos. **El truco es pagar las *deudas* de menor a mayor.** Esto te mantendrá enfocada y podrás obtener resultados rápidos. Todo tu esfuerzo de dinero extra y ahorros deberán ser para este método en particular. Te lo explicaré ahora con detalles. ¿Estás lista para comenzar?

Paso uno: Ordena tus deudas

Haz una lista de todas tus deudas de ***menor a mayor balance.*** La deuda es, por definición, una obligación de pagar algo. En esta lista no puedes incluir tus pagos de la vivienda, por ejemplo: facturas de agua, factura de luz, cable tv, etcétera, a menos que tengas una deuda grande con ellos. Entonces añades la cantidad de esa deuda en particular. Solo incluyes los préstamos personales, tarjetas de créditos, préstamos estudiantiles, no importa que unas tengan intereses altos o bajitos. Si algunas deudas tienen el mismo balance, entonces añades primero la que tiene el interés más alto. Esta lista la puedes hacer en un papel, no importa que se vea sencillez... haciendo esta sencillez, te darás cuenta de lo endeudada que estás y te sorprenderás muchísimo. Al mismo tiempo, es muy poderoso porque te llevará a tomar acción inmediata.

Es importante destacar que,
si en el pasado tuviste alguna situación financiera
que te provocó que **no cumplieras** con algún
acreedor, **te enfoques primero en las cuentas que
tienes activas** y luego, haces este mismo ejercicio
con todas las cuentas del pasado, de manera que
puedas planificarte.

Tabla: Lista de deudas			
Deuda	Clasificación	Pago mensual	Balance Actual
1. Banco del Pueblo	Préstamo	$400.00	$3,000.00
2. Coop. del Pueblo	Tarjetas de Crédito	$25.00	$5,000.00
3. Banco la Isla	Préstamo	$290.00	$10,000.00
4.			
5.			
6.			
7.			
8.			
9.			

Paso dos: Ahora, ¡a pagar!

La idea de crear una lista de todas las cuentas de menor a mayor balance es que puedas atacar fuertemente la primera deuda que añadiste en esta lista. Así que comienza a pagar la más pequeña primero. Si tienes dos cuentas pequeñas con el mismo balance, salda primero la del interés más alto.

¿Cómo lo harás? Harás el pago mensual regular y le añades al pago la cantidad de dinero que te sobró cuando hiciste el presupuesto del mes. También le vas a añadir todo el dinero que recibes como ingreso extra. Esta técnica la harás mes a mes y, mientras te enfocas en pagar la primera cuenta de la lista hasta llegar a saldarla, seguirás haciendo tus pagos mensuales como de costumbre. Si tienes tarjetas de crédito, debes hacer el pago mínimo. **Importante:** No dejes de pagar tus deudas porque se podría afectar tu crédito.

Una vez saldes la primera deuda, continúa con la segunda de la lista. En esta ocasión, pagarás la segunda deuda de la siguiente manera:
Pago mensual regular + pago mensual regular de la deuda saldada + cantidad sobrante del presupuesto del mes + cantidad del ingreso extra

Este mismo ejercicio lo harás con todas las deudas en la lista. Dave Ramsey sugiere que cada vez que saldes una deuda, hagas la lista nuevamente con las deudas que te quedan; pero yo, tu *coach*, sugiero que, en vez de hacerla nueva, taches la que ya saldaste, para que te des cuenta de todo lo que has logrado y avanzado. Poco a poco, te vas motivando más hasta dejar esa lista completamente en $0. En su libro *La transformación total de su dinero*, Ramsey dice: *«Las finanzas personales constituyen un ochenta porciento comportamiento y veinte porciento conocimiento»*.

Si consideras que para ti es mejor anotar tus deudas de mayor a menor en la lista, no hay problema, el resultado será el mismo. Realmente, no hay una sola receta que funcione y que tengas la obligación de seguir. Lo importante es que tu enfoque sea saldar tus deudas.

Paso tres: Actualiza las cantidades y continúa con la próxima.

¡Aniquila tus deudas!

Pago mensual regular + pago mensual regular de la deuda saldada + cantidad sobrante del presupuesto del mes + cantidad del ingreso extra

La mujer financieramente inteligente

Deuda	Balance	Pago mensual regular
1. Banco del Pueblo	$3,000.00	$400.00
2. Coop. del Pueblo	$5,000.00	$25.00
3. Banco la Isla	$10,000.00	$290.00
4.		
5.		
6.		
7.		
8.		
9.		

+ Pago mensual regular deuda saldada	+ Cantidad sobrante del presupuesto	+ Cantidad del ingreso extra	Nuevo pago
0	$150.00	$117.00	$667.00
$400.00	$150.00	$117.00	$692.00
$425.00	$150.00	$117.00	$982.00

RETO 4

Repara,
monitorea y
construye tu crédito

«No hay nada que haga una agencia del mercado que usted mismo no pueda hacer».

–Bob Hammond,
autor de *Repare su crédito*

Después de esa experiencia que viví con el crédito y por los cursos de capacitación que he tomado en todo este tiempo, pude entender y estoy más que segura de que el crédito es una herramienta poderosa en nuestras finanzas. ¿Sabes por qué? Porque si lo utilizas de la manera correcta, te abre muchas puertas y te puede brindar infinitas oportunidades. Tener un crédito saludable te libera de tensiones, frustraciones y te sientes tranquila y en confianza.

El crédito es tu fotografía financiera.

Es el que le dice cómo estás financieramente a algún acreedor, institución financiera o a cualquier entidad que necesite investigar tu historial. Muchas personas le tienen pánico a hablar sobre este tema porque sienten vergüenza, no les gusta que otras sepan que tienen el crédito afectado por el miedo al qué dirán, los juicios de la gente, incluso en estos tiempos difíciles en que la crisis económica nos ha tocado a todos de una u otra manera. **¿Sabes qué?, tener mal crédito no necesariamente quiere decir que eres irresponsable, como también tener buen crédito no significa que no estés endeudado.**

Hay varios factores que te pueden llevar a tener mal crédito involuntariamente, por ejemplo: un divorcio, un despido, alguna enferme-dad o un evento catastrófico. Si alguno de estos es tu caso, ¡tranquila!: establecer prioridades, definitivamente, es pensar y actuar con sabiduría. En estas situaciones es importante asegurar el techo, la comida, la transportación y la salud de tu familia. **Ten presente que las situaciones no duran para toda la vida. Todo tiene solución;** unas tardan un poco más que otras, pero todo depende de la mentalidad, actitud y cuán rápido decidas tomar acción para tener resultados exi-tosos para ti.

En el tiempo que estuve laborando y ganándome un buen salario, no tenía control de mi vida financiera –¡joven al fin!–, solicitaba todas las tarjetas de crédito y préstamos que me ofrecían. Por mi buen crédito, me las aprobaban. Fui responsable en pagar mis deudas exactamente como lo requerían, jamás olvidaba que mi madre nos inculcó la importancia de tener buen crédito a mis hermanos y a mí. Hasta que, como te conté, di mi firma como codeudora, lo cual provocó que tuviera problemas crediticios.

Mi sueño siempre fue comprar un apartamento porque estaba lista y me sentía capaz para asumir una responsabilidad como esa. Un día me atreví a visitar un banco hipotecario porque tenía la esperanza de que me orientaran de la manera correcta o de que me dieran alguna oportunidad, ya que mis ingresos eran muy buenos. El banco me denegó la solicitud. No me di por vencida y fui a otro con la esperanza de que me iban a decir que sí. Pero de igual manera no tuve éxito. Salí decepcionada porque solo me dijeron que tenía unas cuentas que me afectaban, pero no me orientaron sobre cómo podía hacer para poder resolver mi situación.

De inmediato, me dediqué a buscar información para familiarizarme con el tema y encontré muchas promociones de agencias del mercado crediticio que podían ayudarme con mi situación. Recuerdo que una de ellas me orientó de manera muy convincente y accedí a contratar sus servicios a pesar de que costaba más de $1,000.00 dólares, lo cual era bastante alto. Para mi sorpresa, de la noche a la mañana, cerraron sus puertas sin notificación alguna y sin cumplirme. ¡Claro que me dio coraje porque perdí mucho dinero! Pero, como de costumbre, no me di por vencida. En una conversación, un buen amigo me dijo: «Yara, si tú misma puedes hacerlo». Me dio unos consejos y los seguí. ¿El resultado? Mi historial de crédito mejoró. ¿Cómo lo hice? Con *paciencia* y *persistencia*… Esa fue la clave. ¡Al fin logré comprar, no un apartamento, sino una casa que era mucho más cómoda!

Luego de haber pasado toda esta experiencia, reflexioné sobre la cantidad de personas que podrían estar pasando por la misma situación que yo. Personas que tienen alguna situación en su crédito y no conocen la manera de resolverlo ellas mismas sin pagar altos costos. Te daré las técnicas que utilicé para mejorar mi crédito yo misma con tan solo $8.00 dólares. Sí... lo leíste bien: ¡$8.00 dólares americanos! Estas son las mismas técnicas utilizadas por las agencias del mercado de reparación de crédito.

Antes de comenzar a enseñarte los pasos de este Reto, te quiero advertir que estos métodos son una guía para que adquieras conocimientos básicos y tengas las herramientas exactas para que puedas arreglar el crédito tú misma, como lo hice yo. Mis fines son únicamente educativos para que los pongas en práctica, pero si tienes alguna situación de aspecto legal, te recomiendo que acudas a tu abogado de preferencia.

Este libro NO OFRECE ASESORÍA LEGAL ALGUNA

◆ Repara tu pasado ◆

El crédito afectado no es para toda la vida, tiene solución. Para poder comenzar con el proceso de la *rectificación de crédito*, mejor conocido como *reparación de crédito*, es importante que entiendas en qué consiste. Rectificar o reparar el crédito significa corregir, alterar y/o modificar información incorrecta e inexacta en tu historial de crédito. En palabras sencillas: es legal modificar tu reporte de crédito y lo mejor es que lo puedes hacer tú misma. Si deseas aprender cómo hacerlo para que puedas cumplir alguna meta que te requiera tener buen crédito, es de suma importancia que hagas una buena planificación para que comiences a trabajar de antemano tu crédito. Así estarás bien segura de que una vez llenes la solicitud financiera tendrás un **APROBADO**. Más adelante te enseñaré cómo lo harás paso a paso.

➤ Tus derechos ➤

Antes de comenzar el proceso, es bien importante que entiendas tus derechos. La Ley Federal de Informe de Crédito Justo –conocida en inglés como *Fair Credit Reporting Act*– se creó hace más de 25 años para protegerte a ti, como consumidora, de las prácticas injustas de los acreedores y de las agencias que informan el crédito. Esta ley obliga a las principales agencias de reporte de crédito, Transunion, Equifax y Experian, a eliminar información obsoleta y corregir información en tu reporte. Asimismo, les prohíbe divulgar información a personas no autorizadas, denegarte la razón por la cual no fue aprobado un préstamo y que permanezca información que te afecta en tu historial durante más de siete (7) años. Dichas agencias publican millones de datos y brindan información a quienes la soliciten, pueden ser bancos, propietarios de viviendas, patronos, agencias de gobiernos y hasta compañías de seguros.

Te exhorto a que hagas una investigación más a fondo sobre esta ley y de muchas otras que te serán de utilidad para que comiences el proceso de mejorar tu crédito y puedas defender tus derechos como la mujer poderosa que eres. Para que puedas conocer más sobre esta ley y otras, visita esta página: https://www.ftc.gov/.

◄ ¿Qué contiene tu reporte de crédito? ►

Cuando decidí hacer el proceso de reparar mi crédito, al principio me sentía perdida porque no sabía cómo leer mi reporte. Veía tanta información y tantos códigos y no entendía de lo que se trataba cada uno de ellos. Tu reporte de crédito es la herramienta esencial para que puedas hacer el proceso tú misma. Indica cómo es tu comportamiento financiero y brinda información personal detallada desde tu nombre, teléfono, dirección, seguro social, fecha de nacimiento y hasta dónde has trabajado anteriormente.

Esta información es la que tú misma has brindado al momento de llenar una solicitud.

También contiene los registros públicos: si te han demandado, si tienes deudas de impuestos o si te has declarado en quiebra alguna vez. Luego de esta información, presenta los bancos a los que has tomado prestado, los números de cuenta, todos tus pagos, ya estén al día o con demoras, el término del préstamo, que se refiere al tiempo de duración del mismo; la fecha de reportada la cuenta, que se refiere a cuando se abrió; la fecha de cerrada, que es cuando saldaste la deuda o el acreedor te cerró la cuenta –que lo hace cuando excedes el balance aprobado constantemente, cuando acostumbras a no pagar a tiempo, entre otras razones; y la fecha de último pago, que es la fecha más importante cuando tienes una situación en tu crédito, ya que es la que determina cuándo se eliminará la cuenta que afecta tu historial de crédito (a los siete años).

Al final de tu reporte, encontrarás las indagaciones conocidas como las investigaciones que hacen los bancos (acreedores). En esta parte, se detallan los últimos dos años y también verás los bancos que quieren hacerte una oferta atractiva para que pidas prestado. Desafortunadamente, la mayoría de esta información puede que esté reportada incorrectamente, lo que puede causar que cualquier institución bancaria rechace tu solicitud financiera porque de inmediato te ven como clienta de riesgo.

● ¿Qué afecta tu reporte de crédito? ●

En mi gestión como corredora de bienes raíces, me topo con distintas situaciones. Hace algún tiempo, me contactó una señora para que la apoyara en los trámites de la compra de una propiedad. Ella deseaba comprar un terreno para hacer la casa a su gusto y estaba confiada en que todo estaba muy bien con su crédito. Comencé la búsqueda de terrenos para que cumpliera su sueño y al momento de la cualificación, el banco hipotecario denegó su solicitud porque le aparecía una quiebra en su reporte de crédito. Esto le atrasó todo el proceso de la compra. La pobre estaba desesperada porque pensó que no iba a ver su sueño cumplido y aunque los corredores no se dedican a arreglar el crédito, debido a mi experiencia, decidí ayudarla a solucionar su situación. Entre las gestiones que hicimos, tuvimos que presentar evidencias en el tribunal de quiebras, la clienta tuvo que reunirse con un síndico del tribunal y esperar a que nos brindaran la documentación que, al final, evidenciaba que ella no era la persona. Encontramos que la quiebra pertenecía a una persona que se llamaba exactamente igual y que también vivía en la misma urbanización. Una vez el tribunal de quiebras brindó la evidencia, comencé a trabajar directamente con las tres agencias principales hasta completar el trámite con éxito. Luego de pasar muchos malos ratos, tensión e incertidumbre, mi clienta logró adquirir su terreno y construir su propiedad. Te cuento esta historia para que sepas que es inevitable que surjan errores como estos y reporten en tu historial de crédito datos que no te pertenecen. Debes siempre mantenerte al tanto de todo movimiento en tu historial de crédito para evitar malos ratos y malentendidos.

Otro de los factores que puede afectar tu reporte es las llamadas cuentas negativas o cuentas adversas. Estas cuentas afectan extremadamente tu crédito y permanecen en tu historial durante siete (7) años a partir de la última fecha de pago o cierre. Son clasificadas de la siguiente manera:

- **Pagos tardes o morosos** - Son pagos que dejas de hacer después de la fecha de vencimiento y luego de los diez días de gracia. Una vez pasen los días de gracia, aunque sea un solo día, te lo reportan en tu historial de crédito como que pagaste tarde.
- **Cuentas a pérdidas** - Estas cuentas son las que dejas de pagar, las agencias reportan esta clasificación cuando ya ha pasado más de 120 días y el acreedor ha hecho varios intentos

de cobro. En esta clasificación pueden entrar las reposesiones; que es cuando dejas de pagar y lamentablemente te quitan el bien que obtuviste con un préstamo, por ejemplo, un auto.

➤ Monitorea tu presente ➤

Monitorear tu crédito es importante porque, de esta manera, puedes ver si todo anda bien o si te han reportado información que no es tuya. De ser así, puedes resolver esta situación con tiempo, de modo que tu crédito esté en un estado excelente para cuando lo necesites utilizar. Para monitorearlo, existen aplicaciones gratuitas que son muy buenas. Personalmente, utilizo Creditkarma (www.creditkarma.com) y Wallethub (www.wallethub.com) que permiten ver el reporte de crédito y puntuación crediticia. La diferencia es que Creditkarma te brinda el reporte de Transunion y Equifax, y Wallethub te brinda solo el de Transunion. También te dan consejos sobre cómo manejar tu crédito con sabiduría y te mantienen siempre al tanto de todo movimiento que surja en tu historial: si bajó o subió tu puntuación de crédito, quién entró a verificar tu historial, si hubo algún cambio con las cuentas, también te brindan sugerencias de bancos a los que puedes solicitar algún producto financiero de acuerdo con tu reporte de crédito y puntuación.

✏ Puntuación de crédito ✏

¿Te has preguntado por qué es tan importante la puntuación de crédito? Porque es un cálculo matemático que le indica a cualquier acreedor si te concede o no un préstamo. Con tu puntuación pueden determinar si tienes capacidad para repagar. Existen compañías que brindan la puntuación de crédito a los acreedores. Como Vantage Score, una agencia que fue creada en el 2006, por las mismas agencias que reportan el crédito (Transunion, Equifax y Experian), para calcular la puntuación de manera interna. Es utilizada por la mayoría de las aplicaciones gratuitas. Este tipo de score te mide por letras, por ejemplo, si pagas bien tienes una A, si has tenido algunos atrasos te clasifican con una C, si tienes pérdidas ya automáticamente es una D o F. Comienza a calcular desde el primer mes que obtuviste el crédito.

La mayoría de las instituciones en la industria de crédito utiliza la llamada Fair Isaac Corporation, mejor conocida como (FICO), una compañía privada que permite que las tres principales agencias generen estas puntuaciones para que los acreedores puedan adquirirla y determinar una aprobación. Esta puntuación te mide por porcentaje, por ejemplo: te mide el 15% por la antigüedad de tu historial de crédito, el 10% por crédito nuevo, el 10% por el uso, el 30% por las cantidades adeudadas y el 35% por cómo pagas tus deudas. Fico Score comienza a calcular aproximadamente a los 6 meses a partir del momento en que obtuviste la cuenta. Por lo tanto, si deseas aumentar tu puntuación, una buena estrategia es mantener una cuenta activa al menos de uno a dos años y pagar en todo momento a tiempo para que se pueda reflejar en tu historial que eres responsable con tus pagos.

Puedes solicitar la puntuación de crédito de las tres agencias principales directamente en: https://www.myfico.com/products/ultimate-three-bureau-credit-report/ y en https://your.vantagescore.com/free De esta manera, puedes estar segura de cuál es tu puntación antes de hacer alguna solicitud de préstamo o tarjeta. La puntuación puede fluctuar desde 300 hasta 850 puntos o más. Mientras más alta tu puntuación, menos riesgo representas para un acreedor. ¿Qué quiere decir esto? Si tienes la puntuación mayor de 740, significa que tienes la capacidad de pagar bien, por lo tanto, no eres cliente de riesgo y la oferta que te harán será buenísima, con las mejores tasas de interés. De lo contrario, si la tienes en menos de 740, se considera promedio a baja y representa un riesgo mayor para el acreedor. De aprobar tu solicitud, seguramen-te te ofrecerá una tasa de interés mucho más alta y esto provocará un gasto excesivo en tus finanzas.

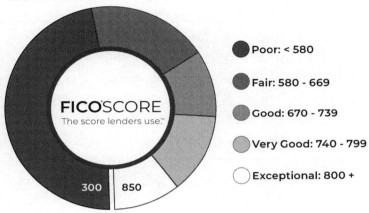

Poor: < 580

Fair: 580 - 669

Good: 670 - 739

Very Good: 740 - 799

Exceptional: 800 +

● ¿Cómo puedes mejorar tu puntuación? ●

Siempre debes pagar tus cuentas a tiempo.

- **Haz tus pagos 5 o 10 días antes de la fecha de vencimiento.**
- Evita tener balances altos, por ejemplo, en las tarjetas de crédito, usa solamente hasta el 30% de su límite para no afectar significativamente tu puntuación (FICO Score). Por ejemplo, si el límite de tu tarjeta es $2,000.00 (dos mil dólares), usa hasta $600.00 (seiscien-tos dólares).
- Evita que los acreedores te cierren estas cuentas por falta de cumplimiento.

- Si no tienes tu crédito activo hace más de dos años, te sugiero que tengas un instrumento financiero, es decir, una tarjeta de crédito, préstamo personal o préstamo garantizado, que te permita que el cálculo matemático pueda hacer su trabajo para mejorar tu puntuación (FICO Score).
- Último consejo: evita múltiples solicitudes para adquirir crédito (indagaciones o *inquiries*) durante el mismo año. Esto se puede ver como que estás desesperada en tomar prestado y bajas tu puntuación de 7 a 15 puntos o más de inmediato. Te recomiendo que llenes una solicitud por año.

En una ocasión, visité una institución financiera que me brindó alternativas para tomar prestado y volver activar mi historial de pagos. Me ofrecieron una tarjeta de crédito garantizada o préstamo garantizado. Ambos requieren que deposites alguna cantidad de dinero y te prestan basado en esa cantidad. Te brindan una tarjeta o una libreta de pagos como los préstamos tradicionales. Decidí tomar la tarjeta, ya que este método es una manera de mantener tu crédito siempre en movimiento.

También debes evitar tener múltiples tipos de crédito, por ejemplo: 3 préstamos de autos, 1 préstamo de casa, 5 tarjetas de crédito todas con uso excesivo, 2 préstamos personales de financieras, etcétera. **Lo recomendable es tener uno de cada clasificación: auto, hipoteca, tarjeta de crédito y préstamos personales.** No sobrecargues tu crédito, pues se hace evidente que está muy comprometido.

➤ Construye tu crédito ➤

Llegó el momento de construir tu crédito. Solo necesitas tener **paciencia, persistencia** y **determinación** para lograrlo. Este proceso tomará tiempo, por lo que debes esforzarte, mantenerte firme y siempre enfocada en tus metas. Te enseñaré paso a paso cómo arreglar tu crédito.

- **Paso uno: Solicita tu reporte o informe de crédito**

  Para que puedas construir tu crédito es importante que solicites tu reporte de crédito, ya que es la herramienta vital para que puedas identificar con exactitud qué es lo que te afecta y puedas trabajarlo con tiempo. Tienes derecho a obtener **gratis** tu reporte de cada una de las agencias de crédito, una vez al año. Existen numerosas compañías que te pueden proveer tu reporte de crédito con algún costo. No obstante, las principales son *TransUnion, Equifax* y *Experian*, las cuales son completamente independientes con diferentes dueños. Estas compañías fueron creadas para que los acreedores reporten tu historial de pagos cada treinta (30) días.

Los reportes deben ser originales para que veas con exactitud las fechas, números de cuenta, entre otras cosas. Lo único que no te brindan estos reportes anuales gratuitos es la puntuación de crédito, pero el mismo te sirve perfectamente para comenzar el proceso de mejorar tu crédito sin dificultad. Puedes solicitar tu reporte de crédito anual en www.annualcreditreport.com, llamar a los siguientes números: TransUnion 1-800-888-4213, Equifax 1-800-685-1111, Experian 1-888-397-3742, o solicitarlo por correo, llenando la forma gratuita *Annual Credit Report Request Form*, que puedes bajar de Internet, y enviarla a la siguiente dirección, con una copia de tu identificación con foto, copia de la tarjeta del seguro social y evidencia de tu dirección reciente, ya sea postal o residencial: *Annual Credit Report Request Service*, PO BOX 105281, Atlanta, GA 30348-5281

Te incluyo una imagen para que puedas tener una idea.

Otra alternativa que puedes utilizar para solicitar tu reporte de crédito es la compañía privada Scoresense, la misma brinda un servicio de membresía que proporciona a los solicitantes opciones convenientes para monitorear su crédito, como detectar amenazas a su identidad, entre otros. ¿Por qué te hablo de ella? Porque es la que he utilizado por años con mis clientes y jamás me ha fallado. En ella puedes solicitar las 3 agencias de crédito con la puntuación de cada una. Y lo mejor es que cuando comienzas a trabajar tu crédito, las respuestas llegan mucho más rápidas porque pagaste por sus reportes.

- **Paso 2: Analiza tu reporte de crédito**

Ya solicitaste tu reporte de crédito. El segundo paso es analizarlo detenidamente. Verifica que toda tu información personal esté correcta, tus balances, pagos, etcétera. De este modo, podrás identificar qué es lo que verdaderamente afecta tu historial, por ejemplo: cuentas que estás consciente que nunca pagaste tarde, cuentas que no te pertenecen (no son tuyas), alguna cuenta que estás segura de que saldaste y aún aparece con un balance o que te robaron la identidad y todas las cuentas son erróneas. Una vez identifiques la razón por la cual tienes que trabajar tu reporte de crédito, estarás lista para comenzar. Recuerda siempre que cada agencia es diferente, es por esto que tienes que analizar individualmente cada uno de los reportes.

Anotaciones y observaciones que puedes ver en tu historial de crédito*

- **Current, was 30 days late** – Cuenta activa con 30 días de atraso.
- **Paid, was 30 days late** – Cuenta salda que se pagó con 30 días atraso.
- **Bankruptcy Chapter 7 or Chapter 13** – Quiebra, Capítulo 7 o Capítulo 13.
- **Account Closed-Credit Grantor's request** – Cuenta cerrada por acreedor.
- **Paid, was 60,90,120 days late** – Pagó con 60, 90 o 120 días de atraso.
- **Paid Collection** – Pagó, por acción
- de cobros.
- **Paid, charge off** – Pagó, cuenta está
- de baja.

*(Información del libro *Repare su crédito*, de Bob Hammond)

- **Paso 3: Prepara un archivo**

Es muy importante que prepares un archivo, ya sea digital o físico. Identifícalo por agencia (Transunion, Equifax, Experian). Crea una bitácora y anota las cuentas que vas a trabajar, esto te ayudará a mantener el control de los resultados, trabajar mucho más fácil y ordenadamente para futuras referencias. Recuerda guardar bien el archivo, ya que contiene información sensitiva y personal.

Utiliza esta tabla (o puedes crear una) para que identifiques las cuentas que vas a disputar y tener la información de referencia en récord. Usa una tabla por agencia de crédito: Transunion, Equifax y Experian.

Nombre del acreedor	Número de cuenta	Fecha de disputa
1.		
2.		
3.		
4.		

Comentarios:

_____

_____

_____

_____

_____

_____

_____

_____

_____

_____

- **Paso 4: Trabaja tus cuentas**

Llegó el momento de trabajar tus cuentas de una manera fácil y sencilla. En este cuarto paso comenzarás a disputar tus cuentas. Una disputa es una investigación que deben hacer las agencias que reportan el crédito con el banco (acreedor) para poder corregir el error o mancha que tienes en el reporte de crédito. Las agencias tienen de treinta (30) a cuarenta y cinco (45) días calendario para hacer estas investigaciones.

Para comenzar a trabajar tu crédito es importante que conozcas los dos (2) métodos que se usan. Con cualquiera de los métodos que te menciono, el resultado será el mismo. Debes de analizar cuál es el más conveniente para ti. Puedes disputar tus cuentas por telefóno y por carta de defensa. Te enseñaré cómo trabajar con cada uno de ellos.

Método por teléfono

Este método es el más rápido y directo, ya que no existe intermediarios, solo hay una comunicación directa entre tú y la agencia de crédito. ¿Cómo lo harás? Te comunicas con cada una de las agencias que reportan el crédito a los números que te mencioné en el *Paso uno*. Te identificas y le indicas a la persona que te atienda, que deseas hacer una investigación. Cuando te pregunte cuál es la cuenta que deseas disputar, le das el nombre del acreedor y el número de cuenta **según aparece en tu reporte de crédito.** El agente que te atienda te preguntará cuál es la razón de su disputa y deberás **contestar de acuerdo con el error que tienes.** Por ejemplo: *«Nunca pagué tarde», «La cuenta no me pertenece», «Me robaron la identidad»* u otra razón que sea. El agente hará notas y te dirá que la respuesta de tu investigación te llegará por correo en 30 días.

Método por carta de defensa

La carta de defensa es el método más utilizado por años por agencias del mercado de reparación de crédito. Es el más favorable para solicitar las investigaciones porque estas cartas están diseñadas con términos a tu favor. Te incluyo un modelo de carta de defensa en inglés para que puedas utilizarlo como referencia.

Carta de defensa para disputas

Date *(Fecha)*
Name Bureau *(Nombre de la Agencia)*
Address of City Bureau City, State, Zip *(Dirección)*

To Whom It May Concern:
I formally request that the following inaccurate items be immediately investigated. They must be removed to show my true credit history, as these items should not be on my report. Pursuant to the Fair Credit Reporting Act, I will expect you to complete the verification within 30 days.

A quien pueda interesar:
Las siguientes cuentas son incorrectas y formalmente solicito que sean investigadas inmediatamente. Deben ser eliminadas para que se pueda demostrar mi verdadero historial de crédito, por lo que estas cuentas no se deben reflejar en mi reporte. Conforme a la Fair Credit Reporting Act, espero que ustedes finalicen la investigación en 30 días.

Creditor's Name *(Nombre del acreedor)*
Account Number *(Número de cuenta)*

Comments *(Comentarios)*:
1.
2.
3.

Please, send me my updated report as soon as your investigation is completed. *(Agradezco que me envíe mi reporte de crédito actualizado tan pronto su investigación esté finalizada.)*

Sincerely, *(Atentamente,)*
Name and Signature *(nombre y firma)*
Address *(dirección)*
SS Number *(Número de Seguro Social)*
Date of Birth *(fecha de nacimiento)*

https://www.ftc.gov/es

Esta carta de defensa debe de ser en inglés y escrita a mano, siempre y cuando sea en una letra legible, ya que muestra más credibilidad de lo que estás reclamando y no que contrataste una agencia de reparación de crédito.

Si se te hace mas cómodo, también puedes hacerla en computadora. No puede exceder 100 palabras, por eso, debes analizar cuáles cuentas trabajarás primero. Te recomiendo que solo escribas 3 cuentas en cada investigación. Junto a la carta siempre debes de anexar la copia de tu reporte de crédito (solo la hoja donde aparece el error), copia de evidencia de la situación que estés disputando, copia de tu identificación (como pasaporte, licencia de conducir o *real id*), copia de tu seguro social y evidencia de dirección reciente donde siempre recibes la correspondencia, que al menos tenga dos meses de vigencia (por ejemplo, factura de agua o luz, servicio de Internet o forma W2 que esté a tu nombre). No puedes grapar los documentos bajo ningún concepto y utilizarás un sobre tamaño carta (4 ⅛ x 9 ½).

Enviarás todos estos documentos por correo certificado con acuse de recibo. De esta manera tendrás un número de rastreo y el acuse de recibo requiere la firma de la persona que la recibe en la agencia de crédito. Debes rastrear la carta y anotar el día que llegó a su destino, ya que desde ese momento comienza el conteo de los 30 días calendario, según *Fair Credit Reporting Act*. Cabe destacar que la respuesta se puede tardar 5 días más en llegar a tu buzón y debes considerar si hay días feriados.

Recuerda siempre que las agencias de crédito trabajan de manera independiente, por lo que debes hacer una carta para cada una de ellas. Envía las cartas de defensa a las siguientes direcciones:

TransUnion
PO BOX 2000
Chester, PA 19016-2000

Equifax
PO BOX 105314
Atlanta, GA 30348

Experian
PO BOX 2002
Allen, TX 75013

- **Paso 5: Espera los resultados**

Como te mencioné anteriormente, por ley, las agencias deben responder las investigaciones entre 30 a 45 días calendario, sea cual quiera de los dos (2) métodos que utilizaste para solicitar las investigaciones. Es por esto que la respuesta de tu investigación llegará a la dirección donde recibes la correspondencia. Cuando te lleguen los resultados, siempre encontrarás la siguiente información en la primera página: *«Se ha investigado las cuentas que disputó y estos son los resultados:»*.

A continuación, te explicaré las diferentes respuestas.

Borrada o *Deleted*:
Quiere decir que la cuenta ha sido eliminada de ese reporte en particular. Recuerda que, si esa cuenta te sale en los otros reportes, tienes que trabajarla.

Si se eliminó del reporte de una agencia, no significa que se elimina automáticamente del reporte de las demás, porque son agencias completamente diferentes.

Cuenta verificada:
Quiere decir que tienes que volver a trabajarla, haciendo el mismo proceso explicado. Esto lo repetirás siempre hasta ver el resultado deseado. Tienes derecho a solicitar que rein-vestiguen nuevamente.

Comunicarse con el acreedor:
Esta es una de las maneras más rápidas de poder arreglar tu crédito, tratando di-rectamente con ellos. Tienen la potestad de cambiar o eliminar información. Debes de comunicarte con el acreedor, ya sea por carta o por teléfono, al número o dirección que aparece en tu reporte de crédito. Infórmale que estás haciendo una investigación con las agencias de crédito por X o Y error. También le indicas que contesten a las agencias para poder corregirlo. Si te pueden brindar una evidencia de que el error es correcto mucho mejor. Esto te ayudará a tener resultados en 30 días exactos. Te incluyo la información que debes de añadir en una carta de disputa a un acreedor, pero recuerda que <u>debes hacerla en inglés</u> y modificarla de acuerdo con tu situación.

Ejemplo de carta al acreedor:

(Fecha)
(Nombre del Acreedor)
(Dirección Completa)

A quien pueda interesar:

Solicité mi reporte de crédito de la agencia(s)
(escribes el nombre de agencia). La cuenta con el
número (número que sale en el reporte) aparece con
unos atrasos del mes de (anotas mes del atraso).

Siempre he pagado mis cuentas al día. Esta
información incorrecta afecta mi reporte de crédito.
Agradezco que corrija el error en las agencias y me
envíen los resultados a la mayor brevedad posible.

Atentamente,
nombre y firma

La reparación de crédito es un proceso lento, pero es seguro. Siempre debes de seguir disputando las cuentas hasta lograr ver el resultado que quieres. Si sigues cada uno de estos pasos, en unos meses avanzarás mucho. Recuerda siempre trabajar las tres agencias. Si has disputado varias veces una cuenta y ves que te llega el mismo resultado todo el tiempo y sabes que hay un error, te recomiendo que hagas una querella sobre el particular en la página web https://www.ftc.gov/es/faq/consumer-protection/presentar-una-queja-ante-la-ftc para que hagan las investigaciones pertinentes. Ellos tienen un máximo de 10 días para darte una respuesta. Créeme que verás lo rápido que eliminarán el error.

Si deseas aprender más a fondo sobre todo el proceso de reparación de crédito o convertirte en consultora, puedes acceder a nuestra academia en www.yaralizpizarro.com/academia para tomar los cursos.

¡Conquistaste tus retos!

Me siento muy orgullosa de ti porque decidiste tomar el control de tus finanzas. Con estas enseñanzas, estoy segura de que lograrás manejarlas con sabiduría y establecer tus metas financieras a corto y a largo plazo. Una vez logradas, puedes orientar y apoyar a los tuyos.

El papel de la mujer hoy día es sumamente importante porque es la administradora en todas las facetas de su hogar. Ante los retos económicos que estamos viviendo en estos tiempos, hemos tomado decisiones financieras apresuradas que no han sido las más beneficiosas y hemos perdido mucho dinero en el proceso. A través de cada uno de estos retos, mi propósito es que puedas ver que tú eres la única responsable de lograr cada una de tus metas y sueños. Confía en tu poder y toma acción porque tu presente y tu futuro está en tus manos. Confío que estos retos te sirvan de guía para el éxito.

Te exhorto a mirarte siempre como una mujer emprendedora, empoderada en cada uno de tus sueños, y que siempre tengas presente que el mejor día para comenzar es hoy, ¡ahora mismo! Desde ya, proponte renunciar a los gastos innecesarios y maneja tu dinero con sabiduría. Te invito a que te mantengas capacitándote constantemente para que logres impactar tu vida y la vida de otros.

Te deseo todo el éxito,

Yaraliz Pizarro

«*Lo que la mente de una mujer pueda concebir y creer, la mente será capaz de lograrlo*».

–Napoleon Hill,
autor de *Piense y hágase rico*

Mi regalo para ti...

Calendario financiero

Diseñé este sencillo Calendario Financiero para ti. Es una herramienta de apoyo para que puedas planificarte con éxito. Te ayudará a tomar el control de tu vida financiera, a ser productiva, mantenerte enfocada y desenvolverte como una mujer financieramente inteligente. El objetivo de este calendario es que puedas organizar tu día a día cada mes. Anotarás las metas que quieres lograr, cuánto quieres ahorrar, los días en que pagarás tus facturas, controlar tu dinero y más. Además, encontrarás frases y declaraciones positivas para que te sirvan de inspiración.

¡Este calendario no tiene fecha, lo que quiere decir que puedes comenzar hoy mismo!

Recuerda: la mujer financieramente inteligente siempre planifica para lograr sus metas.

Mes: _____ **Año:** _____

*«Si no puedes volar, corre, si no puedes correr, camina,
si no puedes caminar gatea, pero hagas lo que hagas, sigue adelante».*
–Martin Luther King

¿Qué voy a lograr este mes?

....
....
....
....
....
....
....
....

¿Cuánto ahorraré este mes?

....
....
....
....
....
....
....
....

Notas:

....
....
....
....
....
....
....
....
....

Mes: _____ Año: _____

*«Pon todo lo que haces en manos de Dios
y tus planes tendrán éxito».*
–Proverbios 16:3

¿Qué voy a lograr este mes?

....
....
....
....
....
....
....
....

¿Cuánto ahorraré este mes?

....
....
....
....
....
....
....
....

Notas:

....
....
....
....
....
....
....
....

Mes:_____ Año:_____

«Ya existe abundancia infinita en mi vida».

¿Qué voy a
lograr este mes?

....
....
....
....
....
....
....

¿Cuánto ahorraré
este mes?

....
....
....
....
....
....
....

Notas:

....
....
....
....
....
....
....
....

Mes:_____ **Año:**_____

«No ahorres lo que te queda después de gastar,
gasta lo que te queda después de ahorrar».
—Warren Buffet

¿Qué voy a lograr este mes?

....
....
....
....
....
....
....

¿Cuánto ahorraré este mes?

....
....
....
....
....
....
....

Notas:

....
....
....
....
....
....
....
....

Mes: _____ **Año:** _____

«Piensa: ¿Qué pasaría si no lo compro?
Si la respuesta es "Nada", no lo compres».
–Warren Buffet

¿Qué voy a lograr este mes?

....
....
....
....
....
....
....
....

¿Cuánto ahorraré este mes?

....
....
....
....
....
....
....
....

Notas:

....
....
....
....
....
....
....
....
....

Mes: _____ Año: _____

«Soy agradecida con todo lo que tengo».

¿Qué voy a lograr este mes?

....

....

....

....

....

....

....

¿Cuánto ahorraré este mes?

....

....

....

....

....

....

....

Notas:

....

....

....

....

....

....

....

....

....

Mes: _____ **Año:** _____

«Comienza pequeño, ¡pero sueña en grande!».

–Anita Paniagua

¿Qué voy a lograr este mes?

....

....

....

....

....

....

....

....

¿Cuánto ahorraré este mes?

....

....

....

....

....

....

....

Notas:

....

....

....

....

....

....

....

....

....

Mes: _____ Año: _____

«Todos mis planes son exitosos».

¿Qué voy a lograr este mes?

....
....
....
....
....
....
....

¿Cuánto ahorraré este mes?

....
....
....
....
....
....
....

Notas:

....
....
....
....
....
....
....
....

Mes: _____ **Año:** _____

«Porque nada es imposible para Dios».
–Lucas 1:37

¿Qué voy a lograr este mes?

....
....
....
....
....
....
....

¿Cuánto ahorraré este mes?

....
....
....
....
....
....
....

Notas:

....
....
....
....
....
....
....
....

Mes: _____ Año: _____

«Yo estoy enfocada en lograr mis metas».

¿Qué voy a lograr este mes?

....
....
....
....
....
....
....
....

¿Cuánto ahorraré este mes?

....
....
....
....
....
....
....

Notas:

....
....
....
....
....
....
....
....
....

Mes: _____ Año: _____

«Siempre doy con el corazón y siempre recibo bendición».

¿Qué voy a lograr este mes?

....

....

....

....

....

....

....

....

¿Cuánto ahorraré este mes?

....

....

....

....

....

....

....

....

Notas:

....

....

....

....

....

....

....

....

....

Mes: _____ *Año:* _____

«Yo soy una mujer financieramente inteligente y positiva en todo momento».

¿Qué voy a lograr este mes?

....
....
....
....
....
....
....

¿Cuánto ahorraré este mes?

....
....
....
....
....
....
....

Notas:

....
....
....
....
....
....
....
....

Sobre la autora

Yaraliz Pizarro

Yaraliz Pizarro nació en San Juan, Puerto Rico. Es educadora, conferenciante y experta en crédito y finanzas fundadora de Financially Learning Academy, única, academia virtual de Reparación de Crédito y Finanzas Personales en general, en Puerto Rico. Los cursos virtuales están dirigidos a que los consumidores puedan reparar su propio crédito y/o generar ingresos extras emprendiendo como asesores de crédito. Lanzó oficialmente, en el 2016, la plataforma Hablemos de Crédito y Finanzas con Yaraliz, cuyo objetivo principal es apoyar al consumidor en los temas de Reparación de Crédito y Manejo de Deudas. Ha creado y ofrece talleres: ***Repare Su Crédito Usted Mismo, Aprenda, Suba su Puntuación de Crédito y Reto Financiero***

para la Mujer de Hoy. Está certificada como asesora en Reparación de Crédito y coach en Finanzas Personales. Esta última del Instituto de Finanzas al Máximo en Puerto Rico. Es miembro de la Credit Consultants Association. Cuenta con un grado de bachillerato en Ciencias de Negocio en la Universidad de Phoenix, Recinto de Puerto Rico. También obtuvo la licencia de corredora de Bienes Raíces de Puerto Rico, en el 2016, trabajando para la compañía Nava Realty, dedicada a vender y alquilar propiedades en Puerto Rico. Ahí fue su primera experiencia ayudando a familias a comprar su primera propiedad, la cual fue todo un éxito. Es voluntaria en el proyecto Finanzas College Tours, en las Universidades Ana G. Méndez en Puerto Rico, para llevar el mensaje sobre la importancia de las finanzas y el crédito a jóvenes universitarios. Yaraliz es frecuentemente invitada a eventos como conferenciante y es entrevistada en los medios como experta en temas de finanzas y crédito.

Para conocer más sobre todas las soluciones financieras que ofrece la autora, puedes acceder a: www.yaralizpizarro.com. Si necesitas apoyo en cómo mejorar y manejar tu crédito de la forma correcta para poder lograr tus metas financieras, puedes escribir a: yaraliz.pizarro@gmail.com. También puedes seguirla en las redes sociales Facebook @YaralizTuCoach, Instagram: Yaraliz_pizarro y su canal de Youtube: Yaraliz Pizarro.

Glosario

Reporte de crédito - Es un informe que revela el comportamiento de pago de cada consumidor. Revela el tipo de crédito obtenido, el monto y sus términos. También información personal como: nombre, dirección, teléfonos, donde trabaja y seguro social.

Rectificación de crédito - Es corregir, alterar o modificar información incorrecta o inexacta contenida en el reporte de crédito

Disputa - Es una investigación que debe hacer las agencias de crédito con el acreedor o colector para poder corregir el error o mancha que tienes en tu reporte de crédito. Estas investigaciones tienen un término de 30 a 45 días.

Acreedores - Son Bancos, Compañías Financieras, Comercios al detal que solicitan su reporte de crédito cuando se llena una solicitud para aprobación; como préstamos, tarjetas de créditos, entre otros. Los acreedores también reportan si paga bien o mal en su historial crediticio.

Cuentas adversas o negativas - Cuentas que afectan tu historial crediticio, por ejemplo: pagos tardes, pérdidas, quiebras, reposesiones y embargos. Estas cuentas permanecen en su historial por solo siete años (7 años) a partir de la última fecha de pago o cierre

Cuentas positivas - Son las cuentas que ha pagado bien en todo momento y permanecen en su reporte de crédito siempre, a menos que usted solicite la eliminación de cuentas sumamente viejas.

Indagaciones voluntarias *(Inquiries)* - Son las que usted solicita a un acreedor y son las que afectan tu puntuación. Estas indagaciones permanecen en su reporte por solo dos (2) años. *Se recomienda que se haga una indagación 1 vez al año.*

Indagaciones involuntarias - Son las que los acreedores entran a tu historial crediticio para verificar como estás financieramente, para hacer gestiones de cobro o enviarte ofertas a tu buzón. Estas indagaciones no afectan tu puntuación.

Bibliografía

Hammond, Bob (2001). *Repare su crédito.*
San Juan, PR: Forsa Editores Inc.

Byrne, R.h. (2007). *El secreto.* Barcelona:
Ediciones Urano, S.A. Aribau

Ramsey, D.A. (2003). *La transformación total de
su dinero.* EE.UU, Editorial Caribe, Inc,

Eker, T.H. (2005). *Los secretos de la mente
millonaria.* España, Editorial Sirio, S.A.

Maxwell, J.C. (2014). *Haga que su día cuente.*
New York, Hachette Book Group

Enlaces usados en este libro
- https://www.ftc.gov/es/faq/consumer-
  protection/presentar-una-queja-ante-la-ftc
- https://www.ftc.gov/es
- www.annualcreditreport.com

- https://www.myfico.com
- https://www.myfico.com/products/ultimate-three-bureau-credit-report/
- www.scoresense.com
- www.creditkarma.com
- www.wallethub.com
- https://www.ftc.gov
- http://likeabubblingbrook.com
- http://quesignificado.com/conformismo/
- https://www.ftc.gov/es/faq/consumer-protection/presentar-una-queja-ante-la-ftc

Financially Learning Academy

Una academia de aprendizaje financiero accesible a todo consumidor.
- www.yaralizpizarro.com/academia

Lecturas recomendadas

para el éxito de la mujer
financieramente inteligente

Dinero y finanzas

- Los secretos de la mente millonaria - T.Harv Eker
- La transformación total de su dinero - Dave Ramsey
- Repare su crédito - Bob Hammond

Transformación personal

- El secreto para la manifestación de tus sueños - Idaliz Escalante
- Haga que su día cuente - John C. Maxwell
- El secreto - Rhonda Byrne

Emprendimiento

- EmprendeSer®: Herramientas para
- reconocer y desarrollar a tu ser emprendedor - Anita Paniagua
- La magia de reinventarte - Verónica Avilés

Guía rápida de enlaces a las agencias de crédito

- Comisión Federal del Comercio (www.ftc.gov.es)
- Equifax - www.equifax.com
- Transunion - www.transunion.com
- Experian - www.experian.com
- Annual Credit Report - www.annualcreditreport.com

Made in the USA
Middletown, DE
19 February 2020